Der hymnische Traktat *Von der Liebe Gottes* stellt den »skandalösen« Versuch der spanischen Mystikerin Teresa von Avila (1515–1582) dar, ihr subjektives Erleben dem Modell des alttestamentarischen *Hohenliedes*, des schönsten Liebesdialogs der jüdisch-christlichen Tradition, einzuschreiben. In sinnlicher, bilderreicher Sprache artikuliert die »Tochter von Konvertiten« – bedroht von Inquisition und Hexenverfolgung – die Stadien ihres Begehrens bis hin zur rauschhaften Grenzerfahrung der Ekstase: mit didaktischem Geschick überführt sie ihren Anspruch auf die (durchaus irdischen) Paradiese des Ichs in ein Manifest triumphaler weiblicher Souveränität.

In seiner ausführlichen Lektüreanleitung, die den Prozeß der Pathogenese der Schriftstellerin nachzeichnet, deckt der Romanist André Stoll die subversive Poetik dieser Liebesmeditation auf. Dabei zeigt es sich, daß Teresas Sinnfiguren, die auf die kühnsten Paradoxien der Renaissance- und Barockästhetik verweisen, bereits die verschlüsselten Konzepte der symbolistischen Kunst ankündigen, desgleichen ihre seismographischen Aufzeichnungen des Unbewußten auf frappierende Weise die Einsichten der modernen Psychoanalyse vorausahnen lassen.

Die deutsche Erstübersetzung aus dem Jahre 1649 trägt auf vorzügliche Weise den Nuancen dieser barocken Liebessprache Rechnung.

insel taschenbuch 741

Teresa von Avila

Von der Liebe Gottes

Teresa von Avila
Von der Liebe Gottes

Über etliche Wort
des Hohenlieds Salomonis
Nach der deutschen Erstübersetzung
von 1649 bearbeitet von
Barbara Könneker
Herausgegeben und mit einem
Nachwort versehen von
André Stoll

Insel Verlag

Umschlagabbildung:
»Die Ekstase der heiligen Teresa von Avila«
(1645–52)
Marmorskulptur von Gian-Lorenzo Bernini
Rom, Santa Maria della Vittoria

insel taschenbuch 741
Erste Auflage 1984

Vertrieb durch den Suhrkamp Taschenbuch Verlag
Umschlag nach Entwürfen von Willy Fleckhaus
Typographie: Michael Hagemann
Satz: Fotosatz Weihrauch, Würzburg
Druck: Nomos Verlagsgesellschaft, Baden-Baden
Printed in Germany

1 2 3 4 5 6 – 89 88 87 86 85 84

Von der Liebe Gottes.
Über etliche Wort
des Hohenlieds Salomonis

Das erste Capitel

Wie schwer es sey, den Verstand der Heiligen Schrift und sonderlich des Hohenlieds recht [zu] fassen; und daß die Weiber oder Ungelehrten sich nicht bemühen sollen, dieselbe auszulegen; wofern aber ihnen Gott aus Gnaden denselben [Verstand] im Gebet ertheilen würde, man ihn nicht verwerfen solle. Daß auch etliche Wort des Hohenlieds Salomonis, ob sie schon schlecht, verächtlich und dem allerreinesten Mund Gottes und seiner Braut nicht gemäß zu seyn scheinen, gleichwol sehr heilige Geheimnussen und hohen Verstand in sich beschließen.

Er küsse mich mit dem Kuß seines Munds
Denn Deine Brüste seynd besser als Wein

Ich hab mit Fleiß in acht genommen, daß es sich ansehen läßt, soviel hie angedeutet wird, als wenn die Seel hie mit einer Persohn rede, den Frieden aber von einer andern begehre. Denn sie spricht: Er küsse mich mit dem Kuß seines Mundes, und gleich darauf scheint es, als sage sie zu dem, mit welchem sie redet: Deine Brüst seynd besser als Wein. Dies verstehe ich nicht, was es bedeute. Und eben darumb, weil ich es nicht verstehe, erweckt es in mir ein großen Wollust und Freude. Denn, die Wahrheit zu bekennen, so soll eine Seel nicht so fast acht haben und Gott seinen gebührlichen Respect halten in denen Dingen, die [= von denen] wir bevermeynen, daß wir sie hie mit unserm Verstand begreifen können, als in denen, die man keineswegs fas-

Je weniger man von der Schrift verstehet, je höher man sie achten soll.

sen kann. Dahero ich Euch sonderlich befehle, wenn Ihr etwan ein Buch lesen oder eine Predig hören oder an ein Geheimnuß unsers heiligen Glaubens gedenken werdet: Das, was Ihr einfältigerweis nicht werdet fassen können, darüber sollt Ihr Euch nicht viel bemühen oder Euren Verstand abmüden mit gar zu spitzfindigem Nachgrüblen. Denn das gehört [sich] nicht für die Weiber, oft auch wol gar für die Männer nicht.

Wenn ihnen aber der Herr solches will zu verstehen geben, so thut es seine Majestät ohne alle unsere Mühe. Dies sag ich den Weibern und denen Männern, die nicht schuldig seynd, mit ihrer Wissenschaft die Warheit zu vertheidigen. Denn diejenigen, welche der Herr darzu bestellet, daß sie uns solch Ding erklären sollen, [von denen] weiß man zuvor wol, daß sie sich darumb bemühen müssen und daß sie ihren Verdienst darvon haben. Wir andern aber sollen in aller Einfalt annehmen, was uns der Herr mittheilen will. Was er uns aber nicht gibt, haben wir keine Ursach, uns darumb zu bekümmern; sondern [haben uns] zu erfreuen in [der] Erwägung, daß unser Gott und Herr also groß ist, daß ein einziges seiner Wort tausenderley Geheimnuß in sich begreifet; dahero verstehen wir es nicht genug. Wenn es in lateinischer, hebräischer oder griechischer Sprach gelesen würde, wäre es kein Wunder. Aber auch sogar in unser Muttersprach: Wie viel Ding seynd in den Psalmen Davids, wenn man sie uns verdolmetschet, so kommt es uns doch ebenso dunkel vor in unser Muttersprach als in dem Latein selbsten. Dahero hütet Euch allezeit, Eure Gedanken damit zuzubringen oder Euch viel darumb zu bemühen, dieweil den

Weibern mehr nicht vonnöthen ist, als was für ihren Verstand genug ist; dasselbe aber wird uns Gott wol verleyhen. Wenn aber seine Majestät uns solches, ohne daß wir uns darumb bemühen oder darnach trachten, verleyhen will, so werden wir den Verstand desselben schon erklärt und offenbahr finden. Im übrigen sollen wir uns demütigen und, wie gesagt, erfreuen, daß wir einen solchen Herrn haben, daß auch seine Wort, in unsere Muttersprach verdolmetschet, nicht können verstanden werden.

Es wird Euch vielleicht gedünken, als seyen [= gebe es] etliche Wort, die in diesem Hohenlied auf ein andere Weis könnten gesagt werden, welches unserer Ungeschicklichkeit nach kein Wunder wäre. Wie ich denn etliche Persohnen dergleichen hab hören sagen, welche sich scheueten, dieselben anzuhören. Ach Gott, wie groß ist unsere Armseligkeit! Denn gleich wie in den giftigen Thieren sich alles, was sie essen, in Gift verkehret, also gehet es auch uns, indem wir, [statt] aus den so großen Gnaden, die uns der Herr allhie im Hohenlied erzeigt – da er uns die großen Güter zu erkennen gibt, die eine Seele besitzet, welche ihn lieb hat, und ihr ein Herz machet, damit sie mit seiner Majestät reden und sich erlustigen möge –, eine größere Lieb zu unserm Gott [zu] schöpfen, solches auslegen und verstehen nach dem Maß unserer wenigen Lieb, die wir zu Gott haben.

Daß uns die Wort des Hohenlieds seltsam vorkommen, macht, weil [= liegt daran, daß] wir in der Lieb Gottes nicht geübt seynd.

O mein Herr, siehe: Aller deren Gutthaten, die Du uns erzeigt hast, gebrauchen wir uns übel. Dein Göttliche Majestät suchet stets neue Weisen und Fünd, dardurch Du Deine Lieb gegen uns spühren mögest lassen. Und wir, als die wir in der Lieb gegen Dir übel erfahren seynd, achten es also wenig, daß auch unsere Gedanken, die hierinnen wenig geübt seynd, gleich dahin abweichen, worin sie sich sonsten allezeit aufhalten. Und indem wir die großen Geheimnussen nicht bedenken, die diese Weis zu reden, welche der H. Geist gebrauchet, in sich beschließt, so fliehen wir darvor. Was hätte es aber weiters bedörft, uns in seiner Lieb zu entzünden, als [dessen zu] gedenken, daß er sich dieser Weis zu reden ohne große Ursach nicht gebrauche? Ich erinnere mich, daß ich einsmahls eine sehr wunderliche Predigt eines Religiosen angehört, in welcher er meistentheils von diesen Liebesergötzungen der Braut mit Gott handlete, darvon ein solches Gelächter unter den Zuhörern entstanden und so übel aufgenommen ist worden, was er gesagt – dieweil er von der Lieb sagte und seine Predigt, welche am Gründonnerstag geschahe, auf etliche Wort des Hohenlieds gründete –, daß ich mich sehr darüber verwundert hab. Ich siehe aber wol, daß es daher kommt – dieweil wir, wie ich gesagt hab, uns in der Göttlichen Lieb so wenig üben –, daß uns gedünkt, es könne eine Seel dergleichen Wort gegen Gott nicht gebrauchen.

Geistliche Persohnen aber schöpfen großen Nutzen und Trost daraus.

Ich kenne aber etliche Persohnen, die hergegen so großen Nutzen hieraus geschöpft haben, so großen Trost und solche Versicherung wider vielerley Forcht, die sie hatten, daß sie Gott dem Herrn oftermahl sonderlich darfür Dank gesagt, daß er ein so heylsames Mittel hinterlassen [hat] für diejenigen Seelen, die ihn inbrünstiglich lieben und die erkennen und sehen, wie sehr sie Gott hierin demühtige. Denn so sie dessen keine Erfahrnuß hätten, würden sie nicht ohne Forcht seyn. Und weiß ich von einer, die viel Jahr lang in großer Forcht gestecket ist, und war kein Ding, das sie versichern hätte können, bis [es] dem Herrn gefallen hat, daß sie etliche Wort aus dem Hohenlied gehöret, in [= aus] welchen sie erkennet und verstanden hat, daß ihre Seel den rechten Weg ginge. Denn, wie gesagt, so vermeyne ich, es geschehe darumb, weil eine verliebte Seel gegen [= gegenüber] Christo, ihrem Bräutigamb, alle diese süßen Tröstungen, Ohnmachten, Tod und Betrübnussen, Wollüsten und Freuden [der Liebe] empfindet, nachdem sie zuvor umb seinetwegen alle Freuden der Welt verlassen hat und gänzlich sich in seine Hände gelegt und ergeben hat. Und dies nicht nur mit bloßen Worten, wie etliche thun, sondern mit warhafter Lieb, die durch die Werk vollzogen werde.

Ach meine Töchter, wie ein guter Vergelter ist Gott! Einen solchen Herrn und Bräutigamb habt Ihr, bey welchem nichts vorgehet, das er nicht sehe und wisse. Dahero, ob es schon sehr geringe Sachen wären, so unterlasset nicht, umb seinetwegen zu thun, was euch möglich ist. Denn seine Majestät wird es belohnen als wären es große Ding, dieweil er auf anders nichts siehet, als mit was für einer Lieb Ihr es thut.

Nach dem Maß der Liebe achtet Gott die Werk.

Beschließet derhalben, daß Ihr Euch niemals [durch] etwas, was Ihr in heiliger Schrift oder in den Geheimnussen unsers Glaubens nicht verstehet, verhindern lasset, wie ich gesagt hab; [und] euch weder über die liebkosenden Worte, die [= von denen] ihr höret, daß Gott dieselben gegen der Seelen brauche, verwundert oder entsetzet. Vielmehr verwundert mich und bringt mich gleichsamb von Sinnen die Lieb, die er gegen uns getragen hat und noch trägt, da wir doch diejenigen seynd, die wir seynd; zumal ich erkenne und siehe, daß [es] keine [noch] so liebkosende Wort seynd [= gibt], mit welchen er dies bezeuget, daß er es nicht noch viel mehr mit Werken und in der That schon erwiesen hätte. Wenn Ihr dies lesen werdet, so bitte ich Euch, daß Ihr Euch ein wenig aufhalten und nachdenken wollet, wie viel er uns erzeigt, und was er für uns gethan hat. Und wenn Ihr alsdann klärlich sehet, daß die Lieb, die er zu uns trägt, also mächtig und stark ist, daß sie ihn so viel leyden macht, [und Ihr sehet], mit was für Worten dann dieselbe vorgebracht werde, [so] sollten wir uns von neuem darüber verwundern.

Damit ich aber wieder darauf komme, davon ich angefangen hab zu reden, so müssen gewiß große Ding und große Geheimnussen in diesen Worten verborgen seyn. Und solche wichtige Sachen, daß mir gelehrte Männer – als ich sie gebeten, daß sie mir erklären sollten, was der H. Geist dardurch andeuten wolle und welches ihr rechter Verstand sey – gesagt haben, daß von den Lehrern zwar viel Auslegungen darüber seyen geschrieben worden, [sie] bis dato aber noch nicht genugsame Erklärungen haben vorbringen können, die der Sach ein Genügen thäten. Dahero Euch vielleicht bedünken wird, ich seye gar zu hoffärtig und vermessen, daß ich mich unterstehe, Euch etwas von dem Hohenlied zu erklären.

Dies ist aber mein Vorhaben ganz [und gar] nicht, so wenig Demut ich sonst habe; noch, daß ich gedenken sollte, daß ich den wahren Verstand [des Hohenliedes] ergründen werde. Was ich mir vorgenommen, ist: Daß, gleich wie ich mich erlustige in dem, was mir der Herr zu verstehen gibt, wenn ich von diesen Worten etwas sagen höre, solches auch Euch ergötze, wenn ich es Euch sage, gleich wie mich. Würde es sich aber mit dem rechten Verstand nicht reymen, so wird es sich doch zu meinem Vorhaben schicken. Denn wenn wir von deme, was die Catholische Kirche lehret und die Heiligen, nicht abweichen – zu dem Ende es denn zuvor gelehrte Männer, die es verstehen, übersehen werden, ehe daß Ihr es zu sehen bekommt – so erlaubt uns der Herr, wie ich vermeyne, dieses; gleich wie er uns erlaubt, daß [wir], wenn wir sein Heiliges Leiden betrachten, oft [an] vielerley Pein und Schmerzen darbey gedenken – als wenn [= als ob] der Herr dieselben gelitten hab –, die doch von den Evangelisten nicht beschrieben seynd worden. Und wenn dies ohne Vorwitz geschieht, wie ich anfänglich gesagt hab, und [wir] allein annehmen, was uns seine Majestät zu verstehen gibt, so halte ich für gewiß, daß es den Herrn nicht verdrieße, daß wir uns mit seinen Worten und Thaten trösten und in denselben ergötzen. Gleich wie sich etwan ein König erfreuen und erlustigen würde mit einem armen Hirten, den er lieb hätte und seinen Spaß mit ihm haben [würde], wenn er sähe, daß er gleichsamb aller vernarret wäre über den [= in die] guldenen Stücken und Zierathe und sich verwunderte, was das sey oder wie es gemacht wor-

Der H. Mutter Ziel und Meynung in diesem Tractat.

Ein schöne Gleichnus.

den. Also müssen wir Weiber auch nicht so gar ausgeschlossen seyn von der Nießung dieser Schätz und Reichthümer des Herrn und von [der] Ausbreitung derselben, daß wir ganz darvon stillschweigen, vermeinend, wir thun recht daran. Sondern [wir] sollen es den Gelehrten zeigen und, so sie es gut heißen, auch andern mittheilen. Also gedenke auch ich nicht, daß ich den rechten Verstand treffen wolle in deme, was ich schreibe, sondern will allein thun wie jenes Hirtlein, von dem ich erst gesagt hab. Mir bringt es einen Trost, daß ich Euch als meinen Töchtern meine Betrachtungen vorsage, darbey ohne Zweifel viel ungereimbter Ding seyn werden; fange derhalben an mit der Hilf und Gnad dieses meines Königs und mit meines Beichtvaters Erlaubnuß. Der Herr wolle verleyhen, daß, gleich wie ich in andern meinen Schriften in etlichen Dingen zugetroffen oder seine Majestät durch mich – vielleicht, weil es für Euch ist –, ich auch in diesem zutreffe. Wo nicht, so will ich doch die Zeit für wol angelegt halten, die ich zubringe in Schreibung und Betrachtung dieser so Göttlichen Matery, die ich sonst nicht würdig wäre, anzuhören. So gedünkt mich nun, daß die Braut in denen Worten, die ich im Anfang gesagt hab, gleichsamb mit einer dritten Persohn rede, und ist doch eben dieselbe, bei der sie sich befindet. Dardurch der H. Geist zu verstehen gibt, daß in Christo zwey Naturen seynd, nämblich die göttliche und die menschliche. Hierin aber begehr ich mich nicht aufzuhalten, dieweil meine Meinung ist, von deme zu reden, was mich gedünkt, daß [es] uns nützen kann, die wir dem Gebet ergeben seynd; wiewol [= obwohl] alles nützlich ist für eine Seel, die mit inbrünstiger Begierd den Herrn liebt, derselben ein Herz zu machen und sie zur Verwunderung zu bewegen. Seine Göttliche Majestät weiß wol: Ob ich schon bisweilen die Auslegung etlicher dieser Wort gehört hab und mir auf mein Begehren gesagt ist worden, so ist es doch selten geschehen und [ich] erinnere mich derselben ganz nicht mehr, dieweil ich eine gar schlechte Gedächtnuß habe. Dahero ich nichts sagen werde können, als was mich der Herr lehren wird und was sich zu meinem Vorhaben reymen wird. Von diesem Anfang aber hab ich niemahl etwas gehöret, soviel wie ich mich zu erinnern weiß.

Er küsse mich mit dem Kuß seines Mundes.

O mein Herr und mein Gott, was für Wort seynd dieses, daß dieselben ein Erdenwürmblein zu seinem Schöpfer spreche! Gebenedeyet seyst Du, o Herr, der Du uns auf so vielerley Weis unterwiesen hast. Wer sollte aber, o mein König, dieses Wort sagen dörfen, wenn Du es nicht erlaubtest? Zu verwundern ist dieses; dahero man sich vielleicht auch verwundern würde, wenn ich sagte, daß jemand dieselben Wort sagen sollte.

[Es] möchte einer sagen, ich sey eine Närrin, denn die Braut wolle dies nicht sagen, dieweil diese Wort »Kuß« und »Mund« vielerley Bedeutungen haben und man zuvor wol weiß, daß wir diese Wort zu Gott nicht sagen müssen; dahero auch rathsam ist, daß die Einfältigen solche Ding nicht lesen. Ich bekenne zwar, daß diese Wort vielerley Verstand haben. Eine Seel aber, die in der Lieb also brennend ist, daß sie darüber gleichsamb aberwitzig wird, wil keinen aus denselben [vielerley Verstand] annehmen, sondern diese Wort bloß sagen, weil ihr der Herr solches nicht verbietet.

Herr Gott, was verwundern wir uns doch hierüber? Ist sich denn nicht billiger über die That selbsten zu verwundern? Treten wir denn nicht zu dem Allerheiligsten Sacrament hinzu? Dahero ich auch gedacht hab, ob nicht vielleicht die Braut diese Gnad begehrt hab, die uns hernach Christus gethan hat, daß er nämblich unsere Speis ist worden. So hab ich auch gedacht, ob sie nicht vielleicht umb die große Vereinigung gebeten hab, durch welche Gott ist Mensch worden, und umb die große Freundschaft, in welche er sich mit dem menschlichen Geschlecht eingelassen hat. Wie [es] denn gewiß ist, daß der Kuß ein Zeichen des Friedens und großer Freundschaft ist zwischen zweyen Persohnen. Wie vielerley Frieden aber seyen [= es gebe], darzu wolle uns der Herr helfen, daß wir es verstehen mögen.

Über diese Wort verwunderen wir uns und über die That nicht.

Ein Ding will ich hie sagen, ehe denn ich weiter fortfahre, welches meines Erachtens wol in acht zu nehmen [ist], wiewol es sich an einem andern Orth besser schickte. Damit ich es aber nicht vergesse, dieweil ich es für gewiß halte, so sag ich es hie: Daß nämblich ihrer viel seyn werden, die zum Allerheiligsten Sacrament des Altars hinzutreten – wollte Gott, es wäre nicht wahr! – mit vielen schweren Todsünden. Wenn solche [Sünder] eine Seel, die da stirbt vor Lieb gegen ihren Gott, diese Wort sollten sagen hören, würden sie sich darüber verwundern und es für eine große Vermessenheit halten; aufs wenigste bin ich versichert, daß sie es nicht sagen werden mit diesen Worten oder mit andern dergleichen, die in dem Hohenlied stehen. Die Lieb aber macht, daß man sie sage. Und weil sie kein Lieb haben, so mögen sie wol alle Tag in dem Hohenlied lesen, werden aber derselben Wort doch nicht brauchen dörfen noch in ihren Mund nehmen. Denn gewißlich [ist, daß] diese Wort, wenn man sie auch nur anhöret, eine Forcht einjagen, dieweil sie eine große Herrlichkeit und Majestät in sich begreifen. Du zwar, o Herr, bist in dem Allerheiligsten Sacrament des Altars auch mit großer Majestät umbgeben; dieweil aber solche keinen lebendigen, sondern einen toten Glauben haben, dahero sehen sie Dich also demütig unter der Gestalt des Brots, und Du redest nichts zu ihnen, dieweil sie es nicht werth seynd, zu hören. Dahero sie also vermessen und keck hinzutreten.

So würden nun diese Wort dem Buchstaben nach in der Warheit eine Forcht einjagen, wenn derjenige, der sie ausspricht, bei ihme [= sich] selber wäre; den anderen aber nicht, welche unser Liebster und Herr außer sich selber verzücket hat. Du wirst mir es wol verzeyhen, o Herr, daß ich dies und noch mehr sage, ob es schon eine Vermessenheit ist. Und so denn, o Herr, der Kuß Fried und Freundschaft bedeutet, warum sollten die Seelen nicht begehren, daß Du dieselbe mit ihnen eingehen wollest? Was können wir bessers von Dir begehren? Was ich von Dir bitte, o Herr, ist, daß Du mir diesen Frieden ertheilen wollest mit dem Kuß Deines Mundes. Dieses, meine Töchter, ist eine überaus hohe Bitt, wie ich Euch hernach sagen will.

Verliebte Seelen scheuen sich nicht, diese Wort zu sagen.

Das ander Capitel

Von neunerley falschen Frieden, unvollkommener Lieb und betrüglichem Gebet. Ist eine Lehr, daran viel gelesen [ist], damit man die wahre Lieb erkennen und die Seelen sich erforschen und sehen mögen, was für Mängel ihnen im Weg stehen, [um] zu der Vollkommenheit zu gelangen, nach der sie verlangen.

Gott der Herr wolle Euch behüten vor vielerley Frieden, den die Weltmenschen haben. Nimmermehr wolle uns der Herr denselben zu versuchen geben, dieweil er einen ewigen Krieg verursachet. Wenn einer aus [=von] den Weltmenschen in großem Frieden sich befindet und unterdessen in großen Sünden stecket und in seinen Lastern also ruhig ist, daß ihn sein Gewissen keineswegs drücket – von diesem Frieden werdet Ihr vorhin schon gelesen haben, daß er ein Zeichen sey, daß der böse Feind und ein solcher Mensch freund miteinander seynd und daß er ihm in diesem Leben nicht viel Streits erwecken will. Denn sonsten seynd [=wären] etliche so boshaft, daß sie, [um] solchen Kampf zu [ver]meyden – und nicht aus Lieb gegen Gott – sich etlichermaßen wieder zu Gott bekehren würden und ihr Leben bessern. Die aber also beschaffen seynd, werden in dem Dienst Gottes nicht lang dauren. Und weil der böse Feind dies wol weiß, so bietet er ihnen wieder Wollüste an nach ihrem Belieben; dann machen sie wieder Freundschaft mit ihm, bis daß er ihnen endlich zeigt, wie falsch seyn Frie-

Der Welt Frieden verursachet ewigen Krieg.

Der erste falsche Fried derer, die in Sünden stehen.

de sey. Von solchen ist unvonnöthen, hie zu reden. Dort mögen sie ihren Frieden suchen, denn ich hoffe zu Gott, daß unter uns so großes Übel nicht werde zu finden seyn.

Einen andern Frieden könnte auch der böse Feind anfangen in geringen Sachen; denn so lang wir leben, meine Tochter, ist [es] allezeit gut, daß wir uns förchten. Wenn eine Ordensperson anfängt, nachlässig zu werden in etlichen Dingen, die in sich selber gering scheinen, und wenn sie lang darinnen verharret hat, gleichwol ihr [= sich] kein Gewissen darüber machet, [so] ist das ein böser Frieden und kann sie der böse Feind auf solche Weis in einen sehr bösen Stand bringen. Zum Exempel, wenn es etwas wider die Constitutiones oder Satzungen ist, welches an ihm selber keine Sünde ist, oder wenn man nachlässig ist in dem, was die Obrigkeit [des Ordens] befiehlet, ob es schon nicht aus Bosheit geschehe – denn dieselbe ist an Gottes Statt und ist allezeit gut, daß man derselben gehorsame, weil wir [ja] zu dem End [in den Orden] kommen seynd, und sollen allezeit acht haben, was sie haben wolle –, und in vielen andern dergleichen Dingen mehr, die da vorfallen; welche an sich selber keine Sünd zu seyn scheinen und gleichwol Mängel seynd. – Wiewol Mängel seyn müssen, dieweil wir halt Weiber seynd; [ich] sag auch nichts darwider.

Der andere falsche Fried ist [der] der nachlässigen Geistlichen.

Was ich sagen will, ist, daß sie solche Mängel empfinden sollen, wenn sie sie begehen, und erkennen, daß es Mängel seynd; wo nicht, so möchte sich der böse Feind darüber erfreuen und nach und nach die Seel unempfindlich machen. Von

Geringe Fehler soll man empfinden.

diesen geringen Dingen sage ich Euch, meine Töchter, daß, wenn der böse Feind einen so weit bringen kann, so hat er nicht wenig ausgerichtet. Und weil ich mich förchte, weiters herauszulassen, so bitte ich Euch umb Gottes willen, daß Ihr Euch sehr wol in acht nehmet. Zu streiten müssen wir doch haben in diesem Leben: denn unter so vielen Feinden ist es unmöglich, daß man mit zusammengelegten Händen dastehe; sondern allezeit muß man sorgfältig seyn und in acht nehmen, wie wir, sowol innerlich als äußerlich, wandlen. Und ich sage Euch: Wenn Euch schon der Herr im Gebet viel Gnaden ertheilete – wenn Ihr hernach darvon herausgehet, wird es Euch doch an vielen Anstößen oder Hindernussen und Gelegenheiten nicht mangeln, als etwan, daß man aus Unachtsambkeit dieses oder jenes übertrete oder nicht recht verrichte, und andere innerliche Unruh und Anfechtungen.

Ich sage zwar nicht, daß es allezeit oder gar gemeiniglich so seyn müsse, noch daß nie keine Anfechtungen und Unruh vorfallen sollen. Ja, vielmehr ist es bisweilen eine sehr große Gnad Gottes und wird dardurch die Seel im Geist befördert; so ist [es] auch nicht möglich, daß wir hie Engel seyn, denn dies ist unsere Natur nicht.

Anfechtungen seynd oft eine große Gnad von Gott.

Mich erschrecket nimmermehr eine Seel, wenn ich sie in großen Anfechtungen siehe. Denn so sie die Lieb und Forcht des Herrn hat, wird sie einen großen Gewinn darvon tragen, das weiß ich. Wenn ich aber Seelen siehe, die allezeit ruhig seynd ohne einigen Streit – deren ich etliche gefunden hab, welche, ob ich sie schon nicht sahe Gott beleydigen, so machten sie mich doch allezeit in Sorgen stehen –, kann ich nie recht sicher seyn und probiere und versuche ich sie selber, wo ich nur kann, weil es der böse Feind nicht thut, damit sie also erkennen und sehen mögen, wer sie seynd. Deren hab ich zwar wenig angetroffen, doch ist es möglich, wenn Gott eine Seel zu hoher Beschaulichkeit erhebet, daß sie zu einem solchen Stand gelange und in einem steten, innerlichen Frieden verharre. Wiewol ich darfür halte, daß sie sich selber nicht recht verstehen. Und wenn ich es genau erforsche, so sehe ich, daß sie zuzeiten ebenso wol ihre kleinen Kämpf haben, allein [= nur] daß derselben wenig seynd. Jedoch in der Warheit bin ich solchen Seelen nicht neydig und habe dies mit allem Fleiß beobachtet und gesehen, daß diejenigen viel mehr zunehmen, die also im Kampf leben; welche eine so hohe Weis zu beten und zu betrachten haben, was die Vollkommenheit anbelangt, als einer immer erdenken kann.

Die H. Mutter ist denen nicht neydig, die keinen Kampf haben.

Etliche Seelen [sind] ausgenommen, welche nunmehr so weit zugenommen haben und also mortificiert seynd, nachdem sie viel Jahr lang diesen Streit zuvor ausgestanden, daß sie der Welt gleichsamb ganz tot und abgestorben seynd. Solche pflegen die übrigen Jahr hernach gemeiniglich in Frieden zuzubringen; doch nicht also, daß sie die Fehler nicht empfinden, die sie begehen, welche sie sehr quälen. So führet nun der Herr, meine Töchter, durch vielerlei Wege. Jedoch förchte ich mich allezeit für Euch, wie ich gesagt hab, wenn Euch diejenigen Fehler nicht weh thun, die Ihr etwan begehet. Was aber die Sünden anbelanget, wenn es auch nur läßliche wären, [so] verstehet es sich zuvor wol, daß sie auch im Herzen schmerzen sollen, wie ich vermeyn, daß Ihr sie, Gottlob, jetzt also empfindet.

Ein Ding merkt wol und erinnert Euch desselben von meinetwegen. Wenn einer lebendig ist [und] wenn man ihn nur ein wenig mit einer Nadel berühret, empfindet er es nicht? Oder mit einem geringen Dorn, so klein er immer sey? Wenn dann eine Seel nicht tot ist, sondern eine lebendige Lieb zu Gott in sich hat, ist es nicht eine große Gnad, daß sie ein jedes geringes Ding, das sie begehrt und [das] ihrem Beruf und Schuldigkeit nicht gemäß ist, empfinde? Ach, wie bereitet eine solche Seel seiner Majestät ein so weiches Bett von Rosen und Blumen, der Gott diese Sorgfältigkeit eingibt; und er wird nicht unterlassen können, zu ihr zu kommen und sich mit ihr zu ergötzen, ob er sich schon säume. Herr Gott, was thun wir Geistlichen sonst im Closter, ob [=wenn] wir schon die Welt verlassen? Warzu seynd wir [ge]kommen? Worinnen können wir die Zeit besser zubringen, als daß wir in unsern Seelen die Herberg zubereiten unserm Bräutigamb? Denn darzu haben wir ihn angenommen, da wir unsere Profession gethan haben.

Wer lebendig ist, der empfindet auch die geringsten Verletzungen.

Es sollen mich aber diejenigen Seelen recht verstehen, die da scrupulös und gewissensängstig seynd. Denn ich rede hie nicht von irgendeinem Fehler, der bisweilen geschieht, oder von denen Fehlern, die man nicht erkennen, auch nicht allezeit empfinden kann. Sondern ich rede von denen, die dieselben gemeiniglich begehen und es nicht [be]achten, vermeynend, es seye nichts, und ih-

Trost für die Gewissensängstigen oder Scrupulösen.

nen [= sich] kein Gewissen darüber machen, auch sich nicht befleißen, [sich] darvon zu bessern. Von diesen sag ich noch einmahl, daß es ein gefährlicher Fried ist und daß solches in acht zu nehmen ist.

Was soll ich aber von denen sagen, die in ihrer Regel sehr nachlässig seynd? Gebe Gott, daß keine solche zu finden sey. Auf vielerley Weis wird solches der böse Feind anstiften, dieweil es Gott also verhängt umb unserer Sünden wegen. Hiervon ist unvonnöthen zu handlen; dies wenige hab ich Euch nur andeuten wollen.

Lasset uns jetzt zu der Freundschaft und zu dem Frieden schreiten, den uns der Herr anfängt, im Gebet zu erzeigen; darvon will ich sagen, was mir seine Majestät darvon zu verstehen geben wird. Jedoch hab ich für gut angesehen, Euch zuvor ein wenig etwas zu sagen von dem Frieden, den die Welt gibt und unsere eygene Sinnlichkeit. Denn ob dies schon in vielen Büchern besser beschrieben wird, als ich es sagen werde – wer weiß, vielleicht werdet Ihr nicht Mittel haben, dieselben zu kaufen, weil Ihr arm seyd; oder [es] wird Euch dieselben niemand zum Almosen schenken. Dies aber bleibt bey Euch im Haus, und [Ihr] findet es hie alles beieinander.

Es könnte aber einer mit dem Frieden, den die Welt gibt, auf vielerley Weis betrogen werden. Von etlichen will ich melden, damit wir ein großes Mitleyden haben und uns über uns erbarmen, daß wir aus eygener Schuld zu der vortrefflichen Freundschaft Gottes nicht gelangen und uns mit so wenigem begnügen lassen. O Herr, wäre es nicht besser, daß wir unser Genügen suchten und unser Gedanken richteten zu der [= auf die] großen Belohnung, die ohne End ist? Und daß Gott dieselbe auch noch hie ertheilet, wenn man zu dieser großen Freundschaft gelanget? Und daß ihrer gleichwol viel unten an dem Berg verbleiben, die zu der Spitz desselben gelangen könnten? In andern Tractätlein, die ich für Euch geschrieben, hab ich Euch dieses oft gesagt und sage es Euch jetzt noch einmahl und bitte Euch, daß unsere Gedanken allezeit großmüthig seyn sollen. Denn durch dies Mittel werden wir darzu gelangen, daß Euch der Herr seine Gnad verleyhen wird, daß auch solche Werk darauf erfolgen. Und glaubt mir darumb, daß viel hieran gelegen sey.

So seynd denn nun etliche Persohnen, welche zwar allbereits die Freundschaft Gottes erlangt haben, dieweil sie ihre Sünden recht gebeichtet und Reu darüber gehabt haben; aber kaum gehen zween Tag vorüber, so fallen sie wieder in dieselben. Dies ist gewißlich derjenige Fried und Freundschaft nicht, den hie die Braut begehret. Befleißet Euch allezeit, meine Töchter, daß Ihr nicht allemahl mit einerley Fehler zu Eurem Beichtvater kommt. Es ist wohl wahr, daß wir ohne Fehler nicht seyn können. Aber verändert dieselben aufs wenigste, damit sie nicht einwurzeln, dieweil sie sonst übel werden ausgereutet können werden, und möchten von denselben auch wol viel andere entspringen. Denn gleich wie ein Pflänzlein oder Bäumlein, das wir in die Erd setzen, so [= wenn] wir es täglich begießen, also groß wird, daß wir hernach Schauflen und Hauen darzu brauchen müssen, so wir es wieder herausreißen wollen – also, gedünkt mich, gehe es auch, wenn wir alle Tag ei-

Der dritte falsche Fried derer, die nach verrichteter Beicht wieder in die alten Sünden fallen.

nerley Fehler begehen, so gering derselbe immer sey, so wir denselben nicht verbessern. Wenn aber derselbe nur einen Tag oder auch wol zehen begangen oder eingepflanzet wird und gleich wieder ausgereutet, dann ist es leicht. Dies sollt Ihr im Gebet von dem Herrn begehren; denn von uns selber können wir wenig, sondern machen das Übel nur ärger. An seinem erschröcklichen Gericht aber, das in der Stund des Tods gehalten wird werden, wird uns dies nicht wenig helfen; sonderlich denen, die der Richter selbst ihm [= sich] zu Bräuten erwählet hat in diesem Leben. O wie groß ist die Würdigkeit Gottes, uns aufzumuntern und zum Fleiß anzutreiben! Befleißet Euch, diesem unserm Herrn und König zu contentieren und ihme zu gefallen.

Man soll sich hüten, daß man nicht allezeit einerley Fehler begehe und beichte.

Wie übel belohnen aber diese Persohnen die Freundschaft, wenn sie so geschwind wieder seine Todsfeind werden? Groß ist warhaftig die Barmherzigkeit Gottes! Wo werden wir sonst einen so geduldigen Freund finden? Wenn dergleichen [sonst] auch nur ein einziges Mal zwischen zweyen Freunden sich zuträgt, so wird es nimmermehr vergessen, und [sie] können hinführo zu so guter Freundschaft nimmermehr gebracht werden wie zuvor. Wie oft aber bricht man auf solche Weis die Freundschaft mit Gott, dem Herren? Wieviel Jahr lang wartet er also auf uns? Gebenedeyet seyst Du, o mein Herr, daß Du also gütiglich mit uns handlest, daß Du gleichsamb Deiner Großmächtigkeit vergissest, damit Du eine solche verrätherische Untreu nicht strafest, wie es wol billig wäre! Ein gefährlicher Stand dünket mich dieser zu seyn. Denn ob wir schon die Barmherzigkeit Gottes also beschaffen sehen, so sehen wir doch auch vielmahl, daß ihrer viel ohne Beicht sterben. Behüte Euch Gott durch seine Gütigkeit vor einem so gefährlichen Stand!

Der vierte falsche Fried derer, die sich allein vor Todsünden hüten.

Ein andere Freundschaft und Fried der Welt ist [= gibt es], die nicht so bös ist als wie diese; welche etliche Persohnen haben, die sich hüten, damit sie den Herrn mit keiner Todsünd beleydigen. Viel haben die gethan, welche bis hieher gelanget seynd, bey dem jetzigen bösen Zustand der Welt. Solche Persohnen [aber], ob sie sich schon vor Todsünden hüten, versündigen sich gleichwol bisweilen tödlich, wie ich vermeyne, dieweil sie die läßlichen Sünden nicht achten, ob sie derselben schon viel im Tag begehen. Dahero seynd sie nicht weit von den Todsünden. Diese pflegen zu sagen: Achtet Ihr dieses? Und ihrer viel, die ich selber gehört hab, sagen: Dafür ist das Weyhwasser gut und andere Mittel, die unsere Mutter, die Christliche Kirch, vorschreibt. Ein Ding, darüber sich billig zu erbarmen [ist]. Meine Töchter! Umb Gottes willen, nehmet dies wol in acht, daß Ihr nimmermehr aus Hinlässigkeit eine läßliche Sünd begehet, so gering dieselbe auch immer sey, in Ansehung solcher Mittel. Ein sehr groß Ding ist es, daß Ihr allezeit ein so reines Gewissen habet, daß Euch kein Ding verhindere, diese vollkommene Freundschaft von dem Herrn zu begehren, welche die Braut begehret. Dieselbe [= die Braut] begehret diese obgesagte Freundschaft nicht, dieweil dies gar eine verdächtige Freundschaft ist, [und zwar] aus vielen Ursachen. Dieweil sie nämblich solche Wollüsten zuläßt, die da verhindern, und den Weg zu großer Lauigkeit eröffnet, werden auch solche oft nicht wissen, ob es eine läßliche oder Todsünde ist, was sie thun.

Gott behüte Euch hiervor! Denn solche, weil sie gedünkt, daß sie keine großen Sünden auf sich haben, dieweil sie auf andere Leuth acht haben, leben in solchem falschen Frieden. So ist es auch der vollkommenen Demuth nicht gemäß, daß man seine Nächsten für sehr bös urtheile. Denn es möchte seyn, daß jene vielleicht besser wären als sie, dieweil dieselben ihre Sünden beweinen, und bisweilen mit großer Reu und vielleicht mit einem bessern Vorsatz als sie; [nämlich] mit [dem] Vornehmen, daß sie Gott nimmermehr beleydigen wollen, weder in Kleinem noch in Großem. Diese andern aber, dieweil sie gedünkt, daß sie nichts dergleichen Grobes begehen, nehmen ihnen selbsten mehr Freyheit zu ihren Wollüsten und haben meistentheils ihre gewisse ordentliche mündliche Gebetlein und gehen nicht so subtil mit ihren Sachen umb.

Der fünfte falsche Fried derer, die die Gelegenheiten nicht meyden.

Ein andre Weis der Freundschaft und des Friedens ist, welchen der Herr denen Persohnen anfängt zu geben, welche ihn gänzlich in keinem Ding zu beleydigen begehren; jedoch entziehen sie sich nicht so gar den Gelegenheiten. Diese, ob sie schon oftermahl ihre Stunden des Gebets halten und ihnen Gott Andacht und Zähren ertheilet, so wollten sie doch nicht gern die Ergötzungen dieses Lebens verlassen, sondern ein fein gelegenes und wolgeordnetes Leben anstellen, dieweil sie gedünkt, daß diese Ruh vonnöthen [ist], damit sie in Frieden leben mögen. Diese Weis zu leben bringt viel Veränderungen mit sich, und [es] wird ein Wunder seyn, wenn solche in der Tugend verharren. Denn weil sie sich den Freuden und Ergötzungen dieser Welt nicht entziehen, so werden sie auf dem Weg des Herrn bald wieder hinlässig und träg werden, dieweil viel mächtiger Feind seynd, die uns auf demselben behindern.

Dieses ist die Freundschaft nicht, meine Töchter, die die Braut begehret, und Ihr sollt sie auch nicht begehren. Entziehet Euch allezeit der allergeringsten Gelegenheit, so klein sie immer sey, so Ihr anders [= wenn Ihr denn] wollet, daß Eure Seel zunehme und in Sicherheit lebe. Ich weiß selber nicht, warumb ich Euch diese Ding vorsage, dann [= als] nur allein, damit Ihr erkennet, wie große Gefahr darbey sey, wenn Ihr Euch nicht mit gänzlicher Resolution und Entschließung von den weltlichen Dingen absondert, dardurch Ihr vieler Sünden und Müh entbehren könntet.

Es seynd aber der Weg so vielerley, auf welchen der Herr mit den Seelen umb Freundschaft zu handlen anfänget, daß mich gedünkt, ich würde nie kein End machen, wenn ich alle erzählen sollte, die nur ich gehört hab, die ich doch [nur] ein Weibsbild bin. Was werden dann nicht die Beichtväter und diejenigen Persohnen thun, die mit sonderlichem Fleiß hiervon handlen? Etliche derselben machen mich fast irr, dieweil es sich ansehen läßt, als mangle ihnen nichts mehr [daran], gänzlich Freunde Gottes zu seyn. Sonderlich will ich Euch von einer Persohn erzählen, mit welcher ich unlängst gar vertraulich und absonderlich gehandlet hab. Diese war sehr fleißig, oft zu communicieren, und redet

Der sechste falsche Fried derer, die ein verborgenes Laster haben.

niemand übel nach. Im Gebet hatte sie ihre Andachten und hielte sich immer einsam, dieweil sie in ihrem Haus für sich allein wohnete; und war so sittsamer Natur, daß sie nichts zum Zorn bewegte, was man ihr sagte, welches denn eine große Vollkommenheit war. Sie redete kein böses Wort, hatte sich auch nie verheyrathet, war auch nun eines solchen Alters, daß sie zum Heyraten nimmer geschickt war, und hatte viel Widerwärtigkeiten bey diesem ihren Frieden ausgestanden. Weil ich nun dieses an ihr spührte, sahe ich sie für eine im Geist sehr erwachsene Seel an und [für eine], die im Gebet sehr erhöhet wäre; hielte auch anfänglich viel von ihr, dieweil ich ganz [= gar] keine Beleydigung Gottes an ihr sahe und von andern hörte, daß sie sich darvor hütete. Da ich aber mit ihr gehandlet, finge ich an zu merken, daß alles friedsam bei ihr war, wofern man sie nicht an ihrer Ehren und Ansehen rührete. Sobald man sie aber da angriffe, so war ihr Gewissen so gar zart und rein nicht, sondern ziemblich grob. [Ich] merkte also an ihr, daß sie, ob sie schon alles, was man ihr sagte, gutwillig übertruge, doch darneben in diesen armseligen Dingen ein so hohe Meynung von ihr selbsten hatte und in der Ehrensucht also vertieft und darbey so begierig war, eines und das ander [an Neuigkeiten] zu hören und zu wissen, daß ich mich verwunderte, wie diese Persohn ein einzige Stund allein bleiben konnte. So wußte sie auch ziemblich wol, die Gelegenheit ihres Leibs zu suchen.

Dies alles aber, was sie that, wußte sie sehr wol zu bemänteln und von Sünden zu entschuldigen; und brachte dessen [= dafür] solche Ursachen vor in etlichen Dingen, daß mich gedünkte, es geschehe ihr Unrecht, so man sie darüber [= dafür ver]urtheilen wollte. In andern Dingen aber war dieses klar und deutlich genug zu merken, vielleicht auch, weil sie sich selber nicht recht verstand. Allerbestürzt machte sie mich, denn fast alle sie für heilig hielten. Ich merkte aber wol, daß sie an den Verfolgungen, die [= von denen] sie mir erzählte, [sie] ausgestanden zu haben, selber schuldig gewesen und Ursach darzu gegeben hat. Dahero ich ihrer Heiligkeit und Weis, zu leben, nicht neydig gewesen.

Diese und noch zwo andere Seelen, die ich in diesem Leben gesehen hab – soviel ich mich erinnere –, die in ihrem Sinn heilig waren, haben mir mehr Forcht eingejagt als alle anderen Sünder, die ich gesehen hab. Bittet den Herrn, meine Töchter, daß er uns erleuchten wolle, und lobet ihn sehr, daß er Euch in solche Clöster berufen [hat], darinnen der Teufel [Euch] so fast nicht betrügen kann – wie sehr er sich auch bemühe –, als wie diejenigen, die in ihren eygenen Häusern wohnen.

Denn man findet solche Seelen, denen gleichsam nichts manglet, daß sie nicht gar zum Himmel fliegen,

Der siebente falsche Fried derer, die ihrem eygenen Sinn und Willen folgen.

dieweil sie ihrem Gedünken nach in allem der Vollkommenheit nachgehen. Es ist aber niemand, der sie verstehe. Denn [= nur] in diesen Clöstern hab ich es alsobald erkennet, dieweil sie da nicht thun müssen [= dürfen], was sie wollen, sondern was ihnen befohlen wird. In der Welt aber, ob sie sich schon gern ernstlich recht erkennen wollten, dieweil sie dem Herrn zu gefallen begehren, können sie [es] nicht, dieweil sie doch alles, was sie thun, nach ihrem eygnen Willen thun. Und ob sie schon bisweilen demselben widerstreben, so üben sie sich doch so sehr nicht in der Mortification und Abtötung. Etliche Persohnen [sind] ausgenommen, welche der Herr schon viel Jahr lang erleuchtet hat, dieweil sie sich befleißen, jemand zu finden, der sie recht verstehe und deme sie sich unterwerfen. Denn eine wahre, große Demuth trauet wenig auf sich selbsten; und wenn es schon noch so gelehrte Leuth seynd, so unterwerfen sie sich doch eines andern Urtheil und Meynung.

Andere seynd, welche umb des Herrn wegen alles verlassen haben und weder Haus noch Güter haben; haben auch keinen Gefallen an den Leibesgelegenheiten, sondern seynd vielmehr bußfertig; achten auch keines Dings der Welt nicht, dieweil sie der Herr allbereits erleuchtet hat, wie elend diese Ding seyen. [Sie] achten aber die Ehr hoch, wollten gern nicht das geringste thun, das nicht auch den Menschen ebensowol lieb und angenehm sey als Gott. Ein große Bescheidenheit und Vorsichtigkeit ist dieses! Diese zwey Ding können sich sehr übel zusammen reymen. Das Ärgste aber ist: Ohne daß sie gleichsamb ihre Unvollkommenheit merken, ziehen sie allezeit der Welt Theil und Recht Gott dem Herrn vor.

Der achte falsche Fried derer, die Gott und den Menschen zugleich gefallen wollen.

Diese Seelen schmerzet meistentheils, wenn etwas [Schlechtes] von ihnen gesagt wird; und ob ihm schon also ist, so betrübt sie es doch. Diese fassen und ergreifen das H. Creuz nicht, sondern schleppen es auf der Erden hernach, dahero sie dasselbe schwer ankommt, abmüdet und creuziget. Denn wenn man es lieb hat, so ist es süß und leicht zu tragen, und dies ist gewiß und wahr. Dies ist auch diejenige Freundschaft nicht, die die Braut suchet. Dahero, meine Töchter, sehet wol zu – weil Ihr ein solch Gelübd gethan habt, wie ich im Anfang gesagt hab –, und haltet Euch nicht auf in den Sachen der Welt. Alles ist lauter Unruh für Euch. Weil Ihr das meiste verlassen habt, so verlasset auch die Welt, alle Gelegenheiten des Leibs und Ergötzlichkeiten und ihre Reichtümer. Denn ob[wohl] sie schon falsch seynd, belieben sie einem doch. Was förchtet Ihr Euch? Sehet, Ihr verstehet die Sach nicht. Damit Ihr ein einzige Gunst erhaltet, die Euch die Welt etwan mit einem Wort anthun kann, beladet Ihr Euch hergegen mit tausenderley Sorgen und Bürden. Denn derselben seynd so viel, wenn wir den Weltmenschen gefallen und genug thun wollen, daß ich sie nicht alle erzählen dörfte, damit ich nicht zu weitläufig sey, ja [sie] auch nicht zu erzählen wüßte.

Wenn man das Creuz liebt, so ist es leicht und süß zu tragen.

Andere Seelen seynd – und damit beschließe ich –, an welchen Ihr, so Ihr darauf acht geben wollet, viel Zeichen spüren werdet, aus denen man abnehmen kann, daß sie anfangen, zuzunehmen; aber mitten auf dem Weg bleiben sie stecken. Diese achten zwar nicht sehr auf das Sagen der Menschen noch auf die Ehr; allein sie seynd nicht geübt in der Mortification oder Abtötung und in der Verläugnung ihres eygenen Willens. Dahero es scheinet, daß ihnen die Welt noch nicht gar aus dem Sinn sey. Und ob sichs schon ansehen läßt,

Der neunte falsche Fried derer, die verzagt seynd, wenn schwere Gelegenheiten vorfallen.

als befleißen sie sich, alles zu leiden, und seyen schon heilig, [so] nehmen sie doch in schweren, wichtigen Sachen, [die] die Ehr Gottes betreffen, ihre Ehr wieder zurück und lassen die Ehr Gottes fahren. Diese verstehen die Sach nicht recht und gedünkt ihnen, sie förchten die Welt nimmer, sondern Gott; und besorgen sich vor dem, was etwan daraus entstehen möchte und ob nicht etwan ein gut Werk ein Ursach und Anfang könnte seyn vieles Übels – [es] scheinet eben, als wenn ihnen der böse Feind solches anzeige – und prophezeyen tausend Jahr vorhero, was darauf erfolgen könne.

Solche Seelen seynd nicht von denen, die da thun würden, was der H. Petrus gethan hat, der sich nämblich ins Meer geworfen hat; noch was viel andere Heilige gethan haben, die ihre Ruh und ihr Leben daran gewagt haben umb der Seelen Heil willen. In ihrer guten Ruh wollen solche dem Herrn Seelen gewinnen, aber in die Gefahr wollen sie sich nicht begeben. So würket auch der Glauben in solchen nicht fast, dieweil sie allezeit ihrem eygenen Gedünken und Vorhaben nachgehen. Ein Ding hab ich in acht genommen, daß ihrer wenig in der Welt gesehen werden – außer den Ordenspersohnen –, die [in] ihrer Nahrung und Unterhaltung auf Gott vertrauen. Zwo Persohnen kenne ich allein, die dies Vertrauen haben. Denn in dem Ordensstand wissen sie schon, daß es ihnen nicht manglen werde; wiewol ich darfür halte, daß, wer allein von Gottes wegen denselben annimmt, auch daran nicht gedenken werde. Wie viel werden aber deren seyn, meine Töchter, die das Ihrige nicht verlassen würden, wenn sie, was dies anbelangt, nicht so wol versichert wären? Dieweil ich aber anderswo, da ich Euch etliche Lehren vorgeschrieben, viel von dergleichen kleinmütigen Seelen geredet hab und gesagt, was für einen großen Schaden es verursache und wie ein treffliches Ding es sey, daß man großmütige Begierden habe, wenn je [= schon] die Werk nicht groß seyn können, so sag ich jetzt weiters nichts hiervon, wiewol mich diese Müh nicht verdrießen sollte. Dieweil Euch denn der Herr zu einem so hohen Stand berufen hat, so dienet ihme darinnen und verkriechet Euch nicht. Denn ob[wohl] Ihr schon Ordenspersohnen seyd und Ihr dem Nächsten nicht helfen könnet – sonderlich, was [= soweit wir] Weibsbilder seynd –, so werden doch die großen Vornehmen und die eyferigen Begierden, den Seelen zu helfen, in dem Gebet ihre Kraft haben; und [es] wird vielleicht dem Herrn gefällig seyn, daß sie entweder in ihrem Leben oder nach ihrem Tod andern behülflich seyen. Wie jetzo der heilige Bruder Didacus thut, der ein Laienbruder gewesen und mehr nicht that, als den andern dienen. Und so viel Jahr nach seinem Tod erwecket Gott seine Gedächtnus, damit er uns zum Exempel sey; darfür laßt uns seine Majestät loben, So Euch derhalben, meine Töchter, der Herr zu diesem [Ordens]stand berufen hat, so mangelt Euch wenig, die Freundschaft und den Frieden zu erlangen, den die Braut begehret. Unterlasset nicht, denselben mit sehr stetigen Zähren und Verlangen zu begehren. Thut auf Eurer Seiten, was Euch möglich ist, damit er uns ihn verleyhe. Sinthemal [obwohl] bewußt ist, daß dies die Freundschaft und der Frieden [noch] nicht ist, den die Braut begehret, [so] thut schon der Herr demjenigen eine große Gnad, den er zu diesem [Ordens]stand erhebet, dieweil er solches [nur] durch viel Bitten, Bußwerk, Demuth und andere Tugenden von ihm erhalten wird haben. Gelobet und gepreyset sey der Herr allezeit, der alles gibt. Amen.

Das dritte Capitel

Von dem wahren Frieden, [der] Liebe Gottes und [der] Vereinigung mit Christo, welche aus dem Gebet der Vereinigung herkommt; und [dies] wird von der Braut ein Kuß des Munds Gottes genennet.

Nun wollen wir kommen, o heilige Braut, zu deme, was Du begehrest, nämblich zu dem heiligen Frieden, welcher machet, daß es die Seel daran wage und sich in den Kampf einlasse mit allen denen, die in der Welt seynd, da sie [selbst] inzwischen in höchster Sicherheit und Friedsamkeit verharret. O, wie eine große Glückseligkeit wird es seyn, diese Gnad [zu] erlangen! Dieweil es eine solche Vereinigung der Seelen mit dem Willen Gottes ist, daß nunmehr zwischen ihm und ihr keine Zertheilung mehr, sondern ein einziger Wille ist; nicht allein nur mit Worten oder mit bloßen Begierden, sondern in der That selbsten. Also daß, sobald sie erkennet, daß sie ihrem Bräutigamb in einem Ding mehr dienen kann, so große Lieb und Begierd in ihr entstehe, ihme zu gefallen und zu genügen, daß sie des Verstands Bedenken, die er darwider vorwendet, garnicht anhöre, noch die Forcht, die er dargegen eingeben will, sondern

Welches der wahre Frieden sey.

den Glauben allein würken lasse. Also daß sie weder auf ihren Nutzen noch Ruhe mehr sehe, sondern wisse und erkenne, daß in diesem allein all ihre Wohlfahrt bestehe.

Es wird Euch vielleicht gedünken, meine Töchter, das sey nicht recht, dieweil es sehr löblich ist, daß man alle Ding mit Bescheidenheit thue. So müsset Ihr ein Ding merken: Daß Ihr nämblich zuvor erkennet – soviel möglich ist, solches zu erkennen, denn für gewiß kann man es nicht wissen –, daß [= ob] der Herr Euer Begehren erhöret hab und Euch mit dem Kuß seines Mundes geküsset. So Ihr dies aus den Würkungen erkennet, so dörftet Ihr Euch weiter nichts hindern lassen, sondern vergesset Euer selbsten, damit Ihr diesem so süßen Bräutigamb gefallen möget.

Es läßt sich aber seine Majestät durch vielerley Kennzeichen merken und spühren gegen die, die dieser Gnad theilhaft wird. Deren eines ist, daß sie alle irdischen Ding verachte und sie nicht höher achte als sie wert seynd; auch nichts von ihren Gütern verlange, dieweil sie allbereits derselben Eytelkeit erkennet hat. Daß sie keine Freund[schaft] habe als nur mit denen, die den Herrn lieben; daß ihr das Leben verdrießlich sey; daß sie von den Reichthümern so viel halte als sie würdig seynd, und dergleichen Ding mehr. Und dies ist, was sie derjenige lehret, der sie zu diesem Stand erhoben hat. Wenn eine Seel so weit gelanget ist, so hat sie sich vor nichts mehr zu förchten als nur, daß sie etwan nicht würdig sey, daß ihr Gott Widerwärtigkeiten und Gelegenheiten zuschicke, darinnen sie ihme dienen könne, ob es schon mit ihren

Kennzeichen dieses Friedens.

großen Unkosten geschehen sollte. So würket derhalben, wie gesagt, die Lieb allhie und der Glaub, und begehrt sich die Seel desjenigen nicht zu bedienen, was sie der Verstand lehret. Denn diese Vereinigung, die zwischen dem Bräutigamb und der Braut vorgehet, hat sie schon andre Ding gelehret, welche der Verstand nicht erreichen kann, dahero sie ihn unter ihren Füßen hält.

Die Lieb läßt des Verstandes Bedenken nicht zu.

Ein Gleichnuß wollen wir setzen, damit wir es verstehen können. Ist etwan einer gefangen unter den Türken, welcher einen armen Vater oder sonst einen guten Freund hat. Wo ihn derselbe nicht erlöst, ist [= gibt es] sonst kein Mittel; damit er ihn aber erlöse – darzu ist sein Vermögen zu wenig. So muß er selber hingehen und sich für den Gefangenen in die Dienstbarkeit ergeben. Die große Lieb, die er zu ihm trägt, treibt ihn, daß er ihm [= sich] seines Freunds Freyheit lieber seyn lasse als seine eygene. Siehe, da kommt alsbald die Bescheidenheit und wendet viel Bedenken vor: Er sey ihme [= sich] selber mehr verbunden als einem andern, und [es] könne vielleicht wol seyn, daß er schwächer sey als der Gefangene, und daß man ihn etwan werde zwingen, den Glauben zu verläugnen; daß [es] auch nicht gut sey, sich in solche Gefahr zu setzen und viel dergleichen Ding mehr. O, der starken und mächtigen Lieb Gottes! Ach, wie kommt einem, der da liebt, so gar nichts unmöglich vor. Selig ist die Seel, die zu diesem Frieden mit ihrem Gott gelanget ist, welchen der Herr über alle Müh und Arbeit und über alle Gefahr der Welt gibt. Keine aus [= von] denselben förchtet sie [so], daß sie darumb einem so guten Herrn und Bräutigamb nicht dienen sollte; läßt auch keine Bedenken zu, wie jener Vater oder Freund hatte, von dem wir gesagt haben.

Ihr werdet gelesen haben, meine Töchter, von dem heiligen Bischof und Beichtiger Paulino, daß derselbe – nicht etwan seines Sohns oder eines Freunds halber, sondern weil er zu einem so seligen Stand wird gelanget seyn, daß ihm der Herr diesen Frieden wird verliehen haben, und damit er seiner Majestät dardurch gefallen möge und demselben in etwa [dem] nachfolge, was er so vielfältig für uns getan hat – sich in die Türkey begeben [hat], damit er sich mit einer Witwen Sohn, die allerbetrübt zu ihm kommen ist, vertauschete. [Ihr] habt auch darbey gelesen, wie wol es ihm gelungen ist und mit was großem Gewinn er wieder zurückgekehret.

Jetzt zu unsern Zeiten hab ich eine Persohn gekennt, welche Ihr auch gesehen habt, dieweil er zu mir kommen ist, mich zu besuchen. Diesem hat der Herr eine solche Lieb eingegeben, daß es ihn viel Zähren gekostet hat, damit er möchte Erlaubnuß bekommen, sich mit einem Gefangenen auszutauschen. Hiervon hat er mit mir gehandlet – er war aber aus [= von] den Barfüßern des P. Petri von Alcantara –, hat auch nach langem und vielfältigem Anhalten hernach von seinem General die Erlaubnus erlangt. Und als er nur noch vier Meylen von Algier war, dahin er ginge, sein gutes Verlangen ins Werk zu richten, hat ihn Gott zu sich abgefordert. Ohne allen Zweifel wird seine Belohnung groß seyn. Wie viel waren aber der Eygenwitzigen und Bescheidenen, die zu ihm sagten, es wäre ein lautere Thorheit! Also gedünkt es uns, die wir in der Lieb Gottes

Exempel eines Franciscaners, der sich selbst in die Dienstbarkeit begehrte zu ergeben.

noch so weit nicht gelangt seynd. Was könnte aber für ein größerer Aberwitz seyn, als daß uns der Traum dieses Lebens in lauter so großer Vorsichtigkeit und Witz dahingehet? Und gebe Gott, daß wir darbey noch würdig seyen, in den Himmel zu kommen, zu geschweigen, daß wir von denen seyn sollten, die in der Lieb Gottes so weit zugenommen haben.

Ich siehe zwar wol, daß große Hülf und Beystand des Herrn zu dergleichen Dingen vonnöthen ist. Dahero rathe ich Euch auch, meine Töchter, daß Ihr allezeit mit der Braut diesen so lieblichen Frieden begehren sollet, damit Ihr also über alle diese Forcht der Welt herrschen und dieselbe mit großer Ruh und Friedsamkeit bestreiten möget. Ist denn das nicht klar, daß, wenn Gott diese so große Gnad verleyhen und sich mit einer Seele in so großer Freundschaft vereinigen wird, er dieselbe auch mit seinen Gütern sehr bereichern werde? Denn gewißlich: Solche Ding können nicht unser seyn, sondern [unser ist] allein das Bitten und Verlangen, daß uns der Herr diese Gnad verleyhen wolle, und zwar auch dieses [nur] vermittels seiner Hülf. Denn in dem übrigen – was sollte ein armes Erdenwürmblein können, sinthemahl es die Sünde also träg und elend machet, daß wir uns alle Tugenden einbilden nach dem Maß unserer schwachen Natur? Was Raths [haben wir] denn, meine Töchter? Daß wir nämblich mit der Braut bitten: Der Herr küsse mich mit dem Kuß seines Munds.

Wenn sich eine arme Baurenmagd mit einem König verheyrathete und Kinder mit ihm bekäme, wären dieselben nicht von königlichem Geblüt? So nun Gott einer Seelen so viel Gnad erzeigt, daß er sich also unzertrennlich mit ihr vereiniget – was für Begierden, was für Würkungen, was für Kinder der heroischen Werk werden davon entspringen, so es durch ihre Schuld nicht verhindert wird!

Ich halte gewiß gänzlich darfür: So wir zu dem Allerheiligsten Sacrament des Altars mit großem Glauben und Lieb hinzugingen, es würde ein einziges Mal genug seyn, uns reich zu machen; wie viel mehr [aber], so wir also oft hinzugehen? Allein es scheinet eben, als wenn wir nur aus [= wegen der] Ceremonien darzu gingen, dahero schafft es so wenig Frucht in uns. O, Du armselige Welt, wie verklebest und verblendest Du die Augen derjenigen, die in Dir leben, damit sie die Schätz nicht sehen, mit denen sie ewig währende Reichthümer gewinnen könnten! O, Herr Himmels und der Erden, ist es denn möglich, daß wir auch noch in diesem sterblichen Leben Deiner durch [eine] so absonderliche Freundschaft genießen können? Und daß es der H. Geist also klar in diesen Worten andeute und wir es gleichwol noch nicht fassen und verstehen wollen, was das für süße Ergötzungen seynd, von welchen seine Majestät mit den Seelen in diesem Hohenlied handlet? Was für freundliche Wort? Was für Süßigkeiten? Ein einziges aus diesen Worten sollte genug seyn, uns ganz [mit Dir] zu verschmelzen und in Dich zu verkehren! Gebenedeyet seyst Du, o Herr, denn auf Deiner Seiten werden wir nichts zu verlieren haben.

Eine einzige Communion wäre genug, einen heilig zu machen.

Auf wie viel Wegen, auf was Weis und Manier erzeigst Du uns Deine Lieb nicht? Durch Mühe und Arbeit, durch einen so jämmerlichen Tod, durch Marter und Pein. Täglich überträgst Du Schmach und Unbilden und verzeyhest es. Und dies nicht allein; sondern [Du zeigst Deine Liebe] auch durch [die] Worte – die eine Seel, die Dich liebt, so tief verwunden –, welche Du in diesem Hohenlied zu ihr sprichst und sie lehrest, was sie zu Dir sagen soll. [So] daß ich nicht weiß, wie man sie übertragen könne, so Du nicht Hülf ertheilest, damit es einer übertragen ertragen möge, der sie empfindet; zwar nicht, wie sie [es] würdig seynd, sondern wie es unsere Schwachheit zulässet. So bitte ich denn von Dir, o Herr, nichts anders in diesem Leben, als daß Du mich küssest mit dem Kuß Deines Mundes; und zwar also, daß ich, wenn ich schon wollte, mich von dieser Freundschaft und Frieden nimmer absondern könnte. Laß meinen Willen, o Herr meines Lebens, allezeit Dir also unterworfen seyn, daß er von Deinem Willen nicht abweiche! Damit nichts sey, daß mich verhindern könne, daß ich zu Dir, o mein Gott und meine Glory, sagen könne, daß Deine Brüst besser und geschmacksamer seynd als der Wein.

Das vierte Capitel

Von der süßen, lieblichen und ergötzlichen Lieb Gottes, welche daher entstehet, weil [= daß] Gott in der Seelen wohnet durch das Gebet der Ruhsambkeit, so [= welches] durch die Brüste Gottes angedeutet wird.

Deine Brüst seynd besser als Wein,
wolriechend von köstlicher Salben.

Ach, meine Töchter, wie große Geheimnussen seynd in diesen Worten verborgen! Der Herr wolle es uns empfinden lassen, denn sehr schwer fällt es, [es] mit Worten zu sagen. Wenn seine Göttliche Majestät der Braut diese Bitt durch seine Barmherzigkeit gewähren will, so fängt er eine solche Freundschaft mit der Seelen an, daß es allein diejenigen aus [= von] Euch verstehen, die es erfahren. Viel, sag ich, hab ich hiervon in zweyen Büchern geschrieben, und zwar sehr deutlich und weitläufig, welche Ihr, geliebt es Gott, nach meinem Tod zu sehen werdet bekommen, dieweil ich vermeyne, daß Ihr derselben bedörfen werdet. Dahero ich es hie nur obenhin berühren will; [ich] weiß zwar nicht, ob ich es mit eben denselben Worten werde sagen können, wie es der Herr daselbsten hat wollen erklären.

Beschreibung des Gebets der Ruhsambkeit.

Es wird innerlich in der Seelen eine so große Lieblichkeit empfunden, daß man genugsamb spühren kann, daß der Herr sehr nahe bey ihr sey. Dies ist aber nicht eine gewisse Andacht, die man sonst pflegt zu empfinden, welche zu vielen Zähren bewegt. Denn ob schon diese Zähren eine innerliche Zartigkeit verursachen, wenn man entweder das Leyden Christi oder seine eygne Sünden beweynet, so ist doch dieselbe nicht so groß als wie dies Gebet, darvon ich rede. Welches ich das Gebet der Ruhsamkeit nenne wegen der Ruh, die es in allen Seelenkräften verursachet; also daß es scheinet, als habe eine solche Persohn Gott den Herrn nach ihrem Willen und Belieben. Es ist wol wahr, daß man es bisweilen auch auf ein andere Weis empfinde, wenn die Seel nicht so gar darinnen vertieft ist. Von dieser Lieblichkeit oder Süßigkeit aber scheinet es, als werde der ganze innerliche und äußerliche Mensch gestärket, gleich als würde ihm in das Mark der Seelen eine überaus liebliche Salbe gegossen, gleich einem köstlichen Geruch. Eben als wenn einer unversehens in ein Zimmer ginge, darinnen es stark riechen thäte; nicht von einer, sondern [von] vielerley Sachen durcheinander, also daß einer nicht weiß, was es sey oder von wannen dieser gute Geruch herkomme, welcher aber gleichwol uns ganz durchdringet. Also scheinet es, daß diese so liebliche und süßeste Lieb unsers Gottes in unsere Seel mit so großer Süßigkeit eingehe, daß sie dieselbe gänzlich begnüget und ersättiget: gleichwol kann [sie] nicht fassen, was es sey.

Dies ist, was hie die Braut saget zu meinem Vorhaben: Deine Brüst seynd besser als Wein, wolriechend von köstlicher Salbe. Doch kann sie nicht verstehen, wie oder woher ihr dieses Gut komme; und wollte es nicht gern wieder verlieren, sie wollte sich gern gar nicht rühren, ja die Augen nicht aufheben, damit es ihr nicht wieder entgehe. Dieweil ich aber an dem obgemeldeten Ort vorschreibe, was die Seel hie thun soll, damit sie es ihr [= sich] zunutz mache – und dies allein hie gemeldet wird, damit ich Euch etwas darvon andeute, warvon ich hie handle –, so will ich dies Ortes weiters nichts sagen als allein, daß der Herr in dieser Freundschaft allbereits der Seelen zeige, daß er mit ihr eine solche absonderliche Freundschaft halten will, daß hinführo zwischen beyden nichts Abgetheiltes noch Absonderliches mehr seyn solle. Und allda werden ihr große Warheiten mitgetheilet und entdecket. Denn dies Licht ist so groß, daß es sie verblendet, [so] daß sie nicht verstehen kann, was das Licht sey; machet sie auch der Welt Eytelkeit spühren und erkennen; [und] obwohl sie den Meister, der sie lehret, nicht wol sehen kann, erkennet sie klärlich, daß er bey ihr sey. Sie wird aber hie so wol unterwiesen, und [es] verbleiben solche Würkungen und solche Stärke in den Tugenden in ihr, daß sie sich hernach nimmer kennet, wollte auch gern anders nichts thun noch reden, als den Herren loben.

So ist sie auch, wenn sie sich in dieser Freud befindet, in derselben also vertieft und verzückt, daß sie gleichsamb nicht bey ihr selbsten ist, sondern befindet sich in einer so göttlichen Trunkenheit, daß sie nicht weiß, was sie wolle oder was sie begehre. In summa, sie verweiß sich selbst nicht. Jedoch ist sie nicht gar so außer ihr, daß sie nicht etlichermaßen merke, was sich da zutrage.

Es ist zwar wahr: Wenn sie dieser allerreicheste Bräutigamb mehr bereichern und ergötzen will, so kehret er sie dermaßen ein in sich selbst, daß hie der Seelen, gleich wie einem, der vor großer Freud und Wollust ohnmächtig wird, also gedünkt, daß sie in den Göttlichen Armen verzückt hängen bleibe und an die Göttliche Seiten und seine Göttlichen Brüste gelegt werde. [Sie] weiß auch anders nicht zu thun, als der Göttlichen Milch zu genießen, mit welcher sie ihr Bräutigamb unterhält und säuget und [immer] mehr verbessert, damit er sie immer mehr mit Wollust übergießen könne und sie täglich mehr verdiene.

Wenn sie von diesem Schlaf und von dieser himmlischen Trunkenheit wieder erwachet, so verbleibet sie gleichsamb bestürzt und allerverwundert und gleichsamb in einem heiligen Aberwitz; [so] daß mich gedünket, sie könne wol sagen: Deine Brüst seynd besser als Wein. Denn als sie in dieser Trunkenheit war, gedünkte sie, als könnte sie nunmehr höher nicht aufsteigen. Da sie sich hernach in einem höhern Grad und in der unermeßlichen Großmächtigkeit Gottes gleichsamb versenkt befunden und siehet, daß sie sich darvon mehr gestärkt und besser unterhalten befindet, so vergleichet sie solches ganz artlich mit den Brüsten, sprechend: Deine Brüst seynd besser als Wein. Denn gleich wie ein Kind nicht verstehet, wie es wachse, auch nicht weiß, wie es sauge, dieweil ihm oftermahl, wenn es schon die Brust nicht suchet oder sich darumb bemühet, dieselbe in den Mund gelegt wird – also begibt es sich auch hie, dieweil die Seel gänzlich nicht weiß, wie ihr geschieht oder ob sie etwas thue; weiß auch nicht, wie oder woher ihr dieses große Gut gekommen sey, kann es auch nicht verste-

Warumb dies Gebet mit den Brüsten verglichen werde.

hen. Wisset derhalben, daß dies das größte Gut ist, das der Mensch in diesem Leben verkosten kann, [auch] wenn schon alle Wollüsten und Freuden der Welt sich miteinander vereinigten. Sie siehet, daß sie zugenommen [hat], gewachsen und verbessert worden [ist] und weiß nicht, wann sie es verdienet habe. Sie findet sich unterwiesen in großen Warheiten und siehet den Meister nicht, der sie gelehret hat; in den Tugenden spührt sie sich gestärket und erquicket von deme, der es so wol zu tun weiß und kann. Sie weiß nicht, womit sie es vergleichen soll als eben mit der Freud einer Mutter, die ihr Kind sehr lieb hat und dasselbe säuget und erlustiget.

Ach, meine Töchter, der Herr wolle Euch zu erkennen geben oder, besser zu sagen, zu verkosten [geben] – denn sonsten kann man es nicht erkennen noch verstehen –, was das für eine Freud der Seelen sey, wenn sie sich also befindet. Hinweg mit allen den Reichthümern der Weltmenschen, mit ihren Herrschaften, mit ihren Wollüsten, mit ihren Ehren und mit ihren Banketten! Wenn sie schon alles dessen ohne alle die Mühseligkeiten, die darbey seynd, genießen könnten – welches doch unmöglich ist –, so wird doch in tausend Jahren ihre Freud mit einem einzigen Augenblick der Freud, die eine Seel genießet, welche der Herr zu diesem Stand erhebet, nicht verglichen werden können. So [= wenn] der H. Paulus spricht, daß alles Leyden dieser Welt nicht werth sey derjenigen Glory, auf die wir hoffen, so sag ich, daß es nicht werth sey noch verdienen könne eine einzige Stund dieses Vergnügens und der Wollust, die Gott hie der Seelen ertheilet. So kann auch ganz [= gar] keine Freud noch Wollust mit derselben verglichen werden, wie mich gedünket; kann auch keine so ergötzliche Süßigkeit von Gott verdienet werden, noch eine so vereinigte Vereinigung oder eine solche Lieb, die einem die Nichtigkeit der irdischen Ding also zu erkennen und zu kosten gäbe. Was sollte doch ihr Leyden und ihre Widerwärtigkeiten seyn gegen dieses zu rechnen? Stehen sie dieselben nicht von Gottes wegen aus, so gelten sie nichts. Leyden sie es aber seinetwegen, so gibt sie doch seine Majestät nach dem Maß unserer Kräfte, dieweil wir sie als armselige und verzagte Menschen so sehr förchten.

Alle Schmerzen und Leiden dieser Welt seynd nicht werth, ein einzige Stund dieser Wollust zu verdienen.

O, ihr Christen, ach, meine Töchter! Lasset uns doch einmahl aufwachen, umb Gottes willen, von diesem Schlaf der Welt und gedenken, daß er uns die Belohnung seiner Liebe nicht nur für das künftige Leben aufbehält; noch in diesem Leben fängt er uns an zu bezahlen! O, mein Jesu! Wer doch zu verstehen geben könnte, was für ein Gewinn darbey sey, daß wir uns in die Arme dieses unsers Herrn werfen und mit seiner Majestät diesen Pact machen, daß ich vor meinem Geliebten sey und mein Geliebter vor mir; und daß er für meine Sachen sorge und ich für die seinen; und daß wir uns selber nicht so sehr liebten, daß wir uns gleichsamb selber die Augen auskratzten, wie man zu sagen pflegt! [Ich] wiederhole derhalben noch einmahl, o mein Gott, und bitte Dich durch das Blut Deines lieben Sohns, daß Du mir die Gnad thun wollest, daß ich so weit gelangen möge, daß er mich küsse mit dem Kuß seines Munds. Und reiche mir Deine Brüste! Denn ohne Dich, was bin ich, o Herr? Und was bin ich nütz, wenn ich nicht bey Dir bin? So ich nur ein wenig von Deiner Majestät abweiche, wo werde ich hin gerathen? O, mein Herr und meine Barmherzigkeit und mein höchstes Gut! Was soll ich doch für ein bessers Gut in diesem Leben begehren, als daß ich also nahend bey Dir sey, daß keine Zertheilung mehr sey zwischen Dir und mir? Was kann sich einer nicht unterstehen, der Dich also bey sich hat? Wofür soll man mir danken, o Herr, und nicht vielmehr mich sehr tadlen, wenn ich Dir nicht diene? Dahero bitte ich Dich mit dem H. Augustino mit meiner gänzlichen Ergebung, daß Du mir geben wollest, was Du schaffest. Und schaffe darnach, was Du willst, so will ich vermittels Deiner Gnad und Hülf Dir nimmermehr den Rücken kehren.

Das fünfte Capitel

Von der beständigen, sicheren und steifen Lieb, welche daher entstehet, daß sich die Seel beschirmt siehet unter dem Schatten der Gottheit; welche gemeiniglich Gott denen zu verleyhen pflegt, die in seiner Lieb standhaft gewesen und Widerwärtigkeiten von seinetwegen ausgestanden haben; und was für große Frucht aus dieser Liebe entstehe.

Ich bin gesessen unter dem Schatten, des [= den] ich begehret hab, und seine Frucht ist meiner Kehlen süß.

Lasset uns nun die Braut fragen und von dieser gebenedeyeten Seel, die allbereits zu diesem Göttlichen Mund gelanget ist und mit diesen himmlichen Brüsten gesäugt ist worden, erfahren – damit, so uns vielleicht der Herr dermaleinst diese Gnad verleyhen wollte, wir es wissen –, was wir denn thun sollen? Oder wie sollen wir uns verhalten? Was sollen wir sagen? Darauf antwortet sie uns dies: Ich bin gesessen unter dem Schatten, des ich begehret hab, und seine Frucht ist meiner Kehlen süß. Der König hat mich in den Weinkeller geführet und hat in mir die Lieb geordnet. Ich bin gesessen, sagt sie, unter dem Schatten, des ich begehret hab. O Herr, wie so gar sitzet diese Seele und verbrennet an der Sonnen; [doch] in den Schatten, sagt sie, hab sie sich gesetzet, des sie begehret hab. Hie nennet sie ihn eine Sonnen und nennet ihn einen Baum oder einen Apfelbaum und sagt, seine Frucht sey ihrer

Kehlen süß. Auf wie vielerley Weis können wir nicht unsern Herrn betrachten? Wie vielerley Speisen können wir nicht aus ihm machen? Er ist das Manna oder Himmelsbrot, das da schmecket, wie man es haben will. O, wie ein himmlischer Schatten ist dieses! Ach, wer hie sagen könnte, was ihr der Herr hiervon zu verstehen gibt! [Ich] erinnere mich dessen, was der Engel zu der Allerseligsten Jungfrauen Mariae gesprochen: Die Kraft des Allerhöchsten wird Dich umbschatten. Wie beschirmet muß sich nicht eine Seel befinden, wenn sie zu einer so großen Würdigkeit erhoben wird; billig kann sie sich alsdann setzen und sicher seyn.

Was für Seelen Gott zu diesem Stand erhebe.

Merckt aber hie: Gemeiniglich und fast allezeit – es wäre denn, daß Gott irgendeine Persohn auf eine absonderliche Weis berufen wollte, wie er mit dem Heiligen Paulo gethan, welchen er alsobald zu der Spitz der Beschaulichkeit erhoben hat und ihm erschienen ist und solchergestalt mit ihm geredet hat, daß er sehr dardurch erhöhet geblieben – gemeiniglich, sag ich, gibt Gott nicht gleich von Anfang [an] solche überaus hohen Tröstungen und erzeigt nicht solche Gnaden. [Sondern] nur denen Persohnen, die sich in seinem Dienst sehr bemühet und nach seiner Lieb verlanget und sich beflissen haben, [sich] bereit zu machen, damit sie seiner Majestät in allen ihren Sachen angenehm seyn möchten; und [denen], die viel Jahr lang der Welt überdrüssig seynd. Denn solche setzen sich und ruhen in der Warheit; suchen auch in keinem andern Ding ihren Trost, Ruh noch Frieden als nur [dort], wo sie erkennen, daß sie denselben mit Warheit finden können. Unter den

Schutz des Herrn setzen sie sich und begehren nichts anders.

Und wie wol thun sie daran, daß sie seiner Majestät vertrauen, denn was sie verlangt haben, das gibt er ihnen. Und wie glückselig ist eine Seel, die unter seinem Schatten zu sitzen würdig ist, auch noch in den Dingen, die auf Erden können gesehen werden. Denn was diejenigen Ding anbelangt, die die Seel allein verstehet, ist es viel ein [= ganz etwas] anders, wie ich oftermahl vernommen hab. Es scheinet eben, wenn die Seel in dieser Belustigung ist, von der ich gesagt hab, als wenn sie sich ganz versenkt sähe, und umringet mit einem Schatten und gleichsamb mit einer Wolken der Gottheit; von welcher ein solche Influenzen und ein solcher ergötzlicher Thau herunter fället, daß derselbe billig und wol alle Müdigkeit hinwegnimmt, die ihr die Sachen dieser Welt verursacht haben.

Alsdann empfindet sie eine solche Ruh, daß sie auch verdreußt, wenn sie Athem schöpfen muß; und seynd die Seelenkräfte also still und ruhig, daß der Wille auch nicht ein einzigen Gedanken – [auch] wenn er schon gut ist – zulassen will; läßt ihn auch nicht zu solchergestalt, daß er ihm selber nachgehe oder nachtrachte. Unvonnöthen ist hie, daß die Betrachtung auch nur die Händ rühre, sozusagen, oder sich nach etwas umbsehe; denn der Herr gibt ihr hie von den Früchten des Apfelbaums – mit welchen ihn seine Geliebte vergleichet – schon abgebrochen, gekocht, ja auch gekaut. Dahero sagt sie: Seine Frucht sey ihrer Kehlen süß. Denn hie ist alles nur ein Genießen dieses Schattens der Gottheit, ohne alle Müh der Seelenkräfte. Welcher recht und wol ein Schatten genennet wird, da wir sie [= die Gottheit] hie nicht klar sehen können, sondern nur hinter dieser Wolken; bis daß ihr [= der Seele] die helleuchtende Sonne vermittelst der Liebe eine solche Erkenntnuß mittheile, daß seine Majestät also nahe bey ihr sey, daß es nicht kann mit Worten gesagt werden, ist auch nicht möglich. Dies weiß ich: Wer dies wird erfahren haben, der wird wol erkennen, wie warhaftig dieser Verstand diesen Worten der Braut kann gegeben werden.

Meines Erachtens ist hie der H. Geist ein Mittler zwischen der Seelen und Gott, und ist er [es], der sie durch so inbrünstiges Verlangen antreibt und [in ihr] das Göttliche Feuer brennen macht, das so nahe bey ihr ist. O Herr, was seynd das für Barmhertzigkeiten, die Du hie mit der Seelen übest! Gelobet und gebenedeyet seyest Du in Ewigkeit, weil Du ein so gütiger Liebhaber bist! O mein Gott und mein Schöpfer! Ist es denn möglich, daß jemand zu finden sey, der Dich nicht liebe, dieweil er nämblich nicht würdig ist, Dich zu erkennen? O, wie neyget dieser Göttliche Apfelbaum seine Zweyge, damit die Seele seine Äpfel abbreche durch [die] Betrachtung seiner Großmächtigkeit und der Menge seiner Erbarmungen, die er an ihr gethan hat, [und] damit sie auch sehe und genieße die Frücht, die Jesus Christus unser Herr durch sein Leyden erworben hat, indem er diesen Baum mit seinem kostbarlichen Blut begossen hat, vermittels seiner wunderlichen Lieb.

Das sechste Capitel

Von der starken Lieb der Verzückungen, in welcher – wenn die Seel vermeynet, daß sie nichts thue, ohne daß sie wisse, wie oder auf was [für] Weise – Gott der Herr die Lieb in ihr ordnet, indem er ihr heroische Tugenden ertheilet, mit großem Nutzen und Zunehmung des Geists.

Der König hat mich in den Weinkeller geführet und die Lieb in mir geordnet.

Vor diesem sagte die Braut, daß sie von den Göttlichen Brüsten unterhalten werde, als [sie] nämblich in Empfahung dieser Gnaden damahls noch eine Anfängerin war und von dem Bräutigamb ernähret wurde. Jetzt aber ist sie schon erwachsen und macht sie ihr Bräutigamb mehr und mehr geschickt und fähig, damit er ihr mehr geben möge. Er speiset sie mit Äpfeln und will, daß sie erkennen soll, wie sehr sie ihm schuldig sey, zu dienen, und wie viel, zu leyden. Ja, mit allen dem ist er [noch] nicht zufrieden, darüber sich hoch zu verwundern und wol zu beobachten ist. Denn wenn der Herr siehet, daß eine Seel ganz und gar sein ist, und daß sie ihm dienet ohne Ansehen eines einigen eygenen Nutzens oder [eines] einigen andern Dinges, das sie umb ihrer selbst wegen darzu bewege, sondern [nur] umb ihres Gottes willen und umb der Lieb wegen, die Gott zu ihr trägt – so höret er nie auf, sich ihr auf so vielerley Weis und Manier zu ertheilen, wie er wol weiß, der die Weisheit selber ist. Es ließe sich ansehen, als wäre nichts mehr übrig, ihr zu geben, als allein der Kuß des Friedens und [das], was von dem Schatten gesagt ist worden, welches viel ein höhere Gnad ist; wiewol solches ziemblich übel und schlecht ist vorgebracht worden, dieweil ich es nur bloß angedeutet habe. In dem Buch aber, von welchem ich gesagt hab, meine Töchter, da werdet Ihr es viel klarer und deutlicher finden, so es dem Herren gefallen wird, daß es ans Licht komme. Werden wir denn nun nichts mehr verlangen können? O gütiger Gott, wie so gar nichtig seynd unsere Begierden, zu Deinen großen Wunderdingen zu gelangen! O Herr, wie niederig würden wir verbleyben, wenn Dein Geben nach dem Maß unsers Begehrens seyn sollte! So lasset uns denn sehen, was die Braut ferner hiervon sagt: Der König hat mich in den Weinkeller eingeführet.

Wenn nun die Braut also ruhet unter diesem so gewünschten Schatten, wie billig, was kann alsdann eine Seel, die hieher gelanget, ferners verlangen, als daß ihr dieses Gut nimmermehr ermangle? Ihr zwar gedünkt, als sey weiters nichts mehr übrig, zu begehren; aber unser König hat noch viel mehr übrig, zu geben. Und er wollte nie nichts anders thun, wenn er nur fände, wem zu geben. Der Herr – wie ich gesagt hab und gern oft sagen wollte und begehre, daß Ihr es, meine Töchter, nie vergesset – ist nicht zufrieden, Euch so wenig zu geben, als wie wir von ihm begehren. Dies hab ich in etlichen Sachen in acht genommen. [So] fängt etwan einer an, den Herrn zu bitten, daß er ihm wollte Gelegenheit geben, etwas zu verdienen und umb seinetwegen zu leyden; und ist seine Meynung nicht weiter gerichtet als er vermeynt,

Gott ist nicht zufrieden, so wenig zu geben, als wir begehren.

daß sich seine Kräfte erstrecken. Dieweil aber seine Majestät die Kräfte vermehren kann, so gibt er ihm zu Lohn für das wenige, was er sich entschlossen [hat], umb seinetwegen zu thun, so viel zu leyden, so viel Verfolgungen und Krankheiten, daß der arme Mensch nicht weiß, wo er aus soll. Mir selbsten ist es widerfahren, da ich noch sehr jung war, daß ich bisweilen zu dem Herrn sagte: O Herr, so viel hab ich nicht begehrt. Seine Majestät gab mir aber so viel Stärke und Geduld darzu, daß ich mich auch noch jetzt verwundere, wie ich es hab können ertragen, und wollte ich dieselben Trübsalen nicht mit allen Schätzen der Welt vertauschen.

Sagt derhalben die Braut: Der König hat mich in den Weinkeller geführet. O, wie ersättiget hie dieser Name des mächtigen Königs! Und wenn man siehet, daß er keinen andern Oberherrn hat und daß sein Reich kein Ende wird nehmen, und wenn die Seel also beschaffen ist, mangelet ihr gewißlich nicht viel, daß sie die Großmächtigkeit dieses Königs ganz erkenne, welcher sie so wol versichert, so viel in diesem sterblichen Leben möglich ist.

Sie spricht: Er hat mich in den Weinkeller geführet und hat in mir die Lieb geordnet. Hieraus verstehe ich, daß die Großheit dieser Gnade überaus groß ist. Denn gleich wie man einem mehr oder weniger Wein geben kann, und von einem guten und von einem noch bessern, und einen mehr oder weniger trunken und voll machen kann, also trägt es sich auch hie zu mit diesen Gnaden des Herrn. Einem gibt er wenig Wein der Andacht, dem andern mehr. Einem andern aber gibt er ihn so häufig, daß er anfängt, von sich selber zu kommen und von seiner Sinnlichkeit und von allen irdischen Dingen. Etlichen gibt er einen großen Eyfer in seinem Dienst, andern gibt er starke Antriebe, andern eine große Lieb gegen den Nächsten, also daß sie hierinnen dermaßen vertieft seynd, daß sie die großen Beschwernusse, die hie vorfallen, nicht empfinden.

Was aber hie die Braut sagt, das ist [= enthält] viel[es] miteinander: Daß er sie nämblich in den Weinkeller führet, damit sie daselbst desto besser ohne Maß möge bereichert werden. Und [es] scheinet eben, als wenn der König nichts unterlassen wolle, ihr zu geben, sondern daß sie da trinken und essen solle nach ihrem Begehren, und sich wol trunken trinken und von allen Weinen kosten [solle], die in dem Keller Gottes seynd, und daß sie dieser Freuden genieße, über seine Großmächtigkeit sich verwundere, sich nicht förchte, das Leben zu verlieren oder so viel zu trinken, daß es ihre schwache Natur übertreffe, ob sie schon sterbe in diesem Paradeis der Wollust. Selig ist ein solcher Tod, der einen also leben macht! Und warhaftig machet er einen leben; denn die Wunderding, die die Seel hie verstehet, seynd also groß, daß sie also von sich selber kommt, wie sie selber spricht, da sie saget: Er hat die Lieb in mir geordnet.

In dem Weinkeller wird der Wein ohne Maß gegeben.

O Worte, deren diejenige Seel nimmermehr vergessen sollte, der der Herr also ergötzet! O hohe und unermeßliche Gnad, die man nicht verdienen kann, es sey denn, daß der Herr große Hülf und die Hauptsumma darzu herschieße. Es ist wol wahr, daß sie auch zum Lieben selbst sich nicht ermuntert befindet. Aber o seliger Schlaf, glückseligste Trunkenheit, die da macht, daß der Bräutigamb selbst für sie erstatte, was die Seel nicht thun kann, indem er nämblich wunderlicherweis anordnet, daß unterdessen, da die Seelenkräfte alle tot und entschlafen seynd, die Lieb lebendig verbleibe; und daß, ohne daß sie wisse, wie sie würket, der Herr anordne, daß sie also wunderlich würke, daß sie ein Ding werde mit dem Herrn der Liebe, das ist mit Gott, in höchster Reinigkeit. Denn nichts ist, das sie allda verhinderte; weder die Sinne noch der Verstand, auch sogar die Gedächtnus nicht. Der Wille allein ist [es], der sich [dessen] versiehet.

Ich gedachte jetzt bey mir, ob vielleicht ein Unterschied sey zwischen dem Willen und der Lieb? Und gedünkt mich, es sey einer; weiß [je]doch nicht, ob es etwan mein grobe Unwissenheit mache. Mich gedünkt, die Lieb sey eben wie ein Pfeil, den der Willen von sich schießet; welcher, so er von allen seinen Kräften getrieben, von allen irdischen Dingen befreyet und allein in Gott verhindert wird, er gewißlich seine Majestät in aller Warheit verwunden wird. Also daß [er], wenn er also zu Gott gelanget, der die Lieb ist, hernach von dannen mit überaus großem Gewinn wieder umbkehre, wie ich hernach sagen will. Und ist ihm in der Warheit also. Denn ich hab mir von etlichen Persohnen berichten lassen, welche der Herr im Gebet zu so großer Gnad erhoben hat, daß er sie zu dieser heiligen Vertiefung gelangen machet mit einer Verzückung, daß man auch äußerlich wol siehet, daß sie nicht bey sich seynd. Wenn sie hernach gefragt worden, was sie empfunden, können sie es

Ob zwischen dem Willen und der Lieb ein Unterschied sey.

keineswegs sagen, konnten auch nicht wissen noch verstehen, wie allda die Lieb würke.

Man erkennet zwar wol den überaus großen Gewinn, den die Seel allda darvon trägt, aus den Würkungen und aus den Tugenden und [dem] lebendigen Glauben, der in ihr verbleibt, und aus der Verachtung der Welt. Wie ihr aber diese Güter seyen gegeben worden und was die Seel allhie genieße, darvon verstehet man nichts als nur etwan am Anfang, wenn es anhebt; denn alsdann ist die Süßigkeit überaus groß. Ist derhalben klar, daß dies dasjenige sey, was hie die Braut sagt. Denn die Lieblichkeit Gottes vertritt hie der Seelen Statt, und er ordnet an, wie sie in derselben Zeit so überaus große Gnaden gewinnen und überkommen könne.

Es könnte aber jemand zweiflen: So die Seel also außer ihr selber und also vertieft ist, daß es scheinet, sie könne ganz [= gar] nichts würken durch Übung der Seelenkräfte – wie kann sie dann [etwas] verdienen? Auf der andern Seiten aber scheint es unmöglich zu seyn, daß ihr Gott eine solche große Gnad erzeige, daß sie die Zeit damit verliere und unterdessen nichts gewinne oder verdiene bey ihm, welches unglaublich ist. O, der Göttlichen Geheimnussen! Hie ist ihm mehr nicht zu thun, als daß wir unsern Verstand unterwerfen und gedenken, daß derselbe die großen Wunder Gottes zu verstehen ganz untauglich sey. Hie sollen wir uns erinnern, wie dies auch die Allerseligste Jungfrau Maria gethan hab bey aller der Weisheit, die sie hatte; wasmaßen – [nachdem] sie den Engel gefragt: Wie soll dies zu-

Nach dem Exempel der Mutter Gottes muß man hie seinen Verstand unterwerfen.

gehen? und er ihr also antwortete: Der Heilige Geist wird über Dich kommen und die Kraft des Allerhöchsten wird Dich umbschatten – sie weiter nicht nachgeforschet hat. Und weil sie einen großen Glauben und große Weisheit hatte, verstand sie alsobald, daß, weil diese zwey Ding allda mitwürketen, weiters nichts zu wissen noch zu zweiflen sey. Nicht als wie etliche Gelehrte thun – welche der Herr nicht durch diesen Weg des Gebets geführet und [die] auch keinen Anfang desselben haben –, die alle Ding so gar nach ihrer Vernunft abmessen und nach ihrem Verstand richten wollen, als wenn sie gleichsamb mit ihrer Wissenschaft alle Wunder Gottes begreifen wollten.

O, so sie ein wenig von der Allerseligsten Jungfrauen Demuth etwas lerneten! O Allerseligste Frau! Wie so vollkommenlich kann von Dir verstanden werden, was allhie zwischen Gott und seiner Braut vorgehet, wie in dem Hohenlied gemeldet wird. Das könnet Ihr, meine Töchter, abnehmen aus dem Officio, welches wir alle Wochen unser Lieben Frauen zu Ehren beten, wie viel hie aus dem Hohenlied in den Antiphonis und Lectionen gemeldet wird. Aus [= von] den andern Seelen wird es eine jedwedre verstehen können, [je]nachdem es ihr unser Herr will zu verstehen geben. Da sie dann klar wird sehen können, ob sie so weit gelanget sey, daß sie etwas von dergleichen Gnaden empfangen hab, von welchen hie die Braut saget: Er hat die Lieb in mir geordnet. Lasset uns aber jetzt erklären, auf was Weis, wenn die Seel in dieser Trunkenheit und in diesem Schlaf sich befindet, Gott in ihr die Lieb ordne; sinthemal sie nicht weiß, wo sie gewesen sey oder wie sie in so hohen Wollüsten dem Herrn gefallen habe oder was sie gethan habe, dieweil sie ihm darfür nicht gedankt hat.

O Du von Gott geliebte Seel, bekümmere Dich nicht darumb! Denn wenn Dich seine Majestät zu diesem Stand erhöhet und Dir so süßiglich zuredet, wie aus vielen Worten abzunehmen ist, die er in dem Hohenlied zu der Braut spricht – als nämblich, wenn er zu ihr spricht: Ganz schön bist Du, meine Freundin, und viel andere Wort mehr, in welchen er spühren läßt, wie wol er mit ihr zufrieden sey –, ist wol zu glauben, daß er nicht zulassen werde, daß sie ihm zu solcher Zeit mißfalle; sondern [er] wird ihr helfen, besser als sie selber würde zu thun wissen, damit sie ihme desto baß gefalle. Er siehet, daß sie sich verlieret und von ihr selber kommen ist vor Begierde, ihn zu lieben; und daß die Gewalt der Lieb selbst sie des Discurses oder Nachsinnens des Verstands beraubt, damit sie ihn desto besser lieben möge. Wie soll er sich dann enthalten können, daß er sich nicht wieder ergebe der, die sich ihme ganz ergeben? Das pflegt seine Majestät nicht zu thun.

Es scheinet eben, als wolle seine Majestät dieses Gold – das er ihm [= sich] durch seine Gaben zubereitet und probieret hat, wie rein und lauter es sey – mit dem Schmelzwerk seiner Liebe gegen [= zu] ihr überziehen und dasselbe auf vielfältige Weis und Art ausarbeiten, welches eine Seel, die so weit gelanget, wird erzählen können. [Denn] dieses Gold ist die Seele, welche zu dieser Zeit sich nicht mehr bewegt, noch etwas für sich würket, als etwan [= ebenso wie] das Gold thut, welches

Erkläret [wird] mit einer Gleichnuß, was die Seel in der Verzückung thue.

nur bereit ist zu allem dem, was der Göttliche Goldschmied und die Göttliche Weisheit aus ihm machen will; [und] der ist auch zufrieden, daß er es also beschaffen sieht – sinthemahl ihrer so wenig seynd, die ihn also heftig lieben –, und besetzet dasselbe Gold mit viel köstlichen Edelgesteinen und mit tausenderley zierlicher Arbeit. Was thut dann die Seel zur selben Zeit? Dieses ist [es], das man nicht wol verstehen noch wissen kann, ausgenommen, was hie die Braut darvon saget: Er hat in mir die Lieb geordnet. Aufs wenigste: So sie liebet, so weiß sie nicht wie; verstehet auch nicht, was das sey, das sie liebet.

Die überaus große Lieb, die der König zu ihr trägt und die sie zu diesem hohen Stand erhoben hat, wird vielleicht die Lieb dieser Seelen also zu sich gezogen haben, daß es der Verstand nicht würdig ist, zu verstehen; sondern [= denn es] wird aus beyder Lieb eine. Wenn dann die Lieb der Seelen also warhaftig und nahe mit der Lieb Gottes vereinigt ist – wie soll es der Verstand fassen oder erreichen können? Er verlieret sie aus dem Gesicht die selbe Zeit über, welche nie lang währet, sondern bald vorüber ist. Allda ordnet sie Gott solchermaßen, daß sie seiner Majestät gar wol zu gefallen weiß; zur selben Zeit [und] auch hernach, ohne daß es der Verstand begreife, wie ich gesagt hab. Hernach aber verstehet er es gar wol, dieweil er diese Seel [so] geschmückt und geziehret siehet mit den Kleynodien und Perlen der Tugenden, daß er sich darüber entsetzet und sagen kann: Wer ist diese, die da worden ist gleich wie die Sonne? O, Du wahrer König! Wie billig gibt Dir die Braut diesen Namen, sinthemahl Du in einem Augenblick solche Reichthümer mittheilen und in der Seelen verbergen kannst, daß sie derselben in Ewigkeit genieße. Wie wolgeordnet verläßt die Lieb diese Seele!

Dessen könnte ich gute Kennzeichen geben, dieweil ich ihrer [= solcher Seelen] etliche gesehen hab. Von einer erinnere ich mich jetzt, welcher der Herr innerhalb dreyen Tagen solche Güter ertheilet hat, daß, wenn nicht die Erfahrung, in der sie sich schon etliche Jahr geübt hat und allezeit mehr und mehr zunimmt, mich solches hätte glauben machen, ich es für unmöglich gehalten hätte. Einer andern aber [hat er] innerhalb dreyer Monath [solche Güter ertheilet]; und waren beyde noch jung von Jahren. Andre hab ich gesehen, welchen Gott nach langer Zeit diese Gnad erteilet; und gleich wie ich von diesen zweyen gesagt hab, also könnte ich auch noch von etlichen andern sagen. Dieses melde ich darumb, dieweil ich gesagt hab, daß wenig Seelen seynd, denen der Herr diese Gnad thue, ohne daß sie zuvor viel Jahr lang in Creuz und Widerwärtigkeiten zugebracht; damit man wisse, daß ihrer gleichwol etliche seynd. Man muß einem so großen Herrn kein Maß noch Ziel setzen, der so begierig ist, Gnaden zu ertheilen.

Bisweilen geschiehts, und fast gemeiniglich, wenn der Herr zu einer Seelen kommt, damit er ihr diese Gnaden ertheile – doch daß es wahre Gnaden Gottes seyen und nicht etwan ein Betrug des bösen Feinds und Melancholeyen oder Phantaseyen, die von [= aus] eygner Natur entstehen, wird dann die Zeit wol offenbahren, sowol [dies] als auch jenes andre –, daß die Tugenden also gestärkt verbleiben und die Lieb also entzündet, daß es sich nicht [ver]bergen läßt. Denn allezeit, auch ohne daß sie darnach trachten, befördern sie etliche Seelen. Dahero sagt die Braut: Er hat die Lieb in mir geordnet.

So wol hat er sie geordnet, daß die Lieb, die sie zuvor zu der Welt trug, von ihr weggenommen und in einen Haß verkehret wird. Die Lieb aber gegen ihre Befreundeten und Verwandten bleibt also beschaffen in ihr, daß sie sie allein liebet von Gottes wegen. Die Lieb aber gegen den Nächsten und gegen ihre Feind, [von der] kann man nicht glauben, wie groß die sey, wenn man es nicht selber erfahren hat. Die Lieb aber gegen Gott ist dermaßen erwachsen und so gar ohne Maß, daß sie dieselbe bisweilen heftiger antreibt, als ihre schwache Natur ertragen kann. Und weil sie merket, daß sie darüber ohnmächtig wird und vor Lieb anfängt, zu sterben, spricht sie: Erquicket mich mit Blumen, umbstekket mich mit Äpfeln, denn ich werde krank vor Lieb.

Das siebente Capitel

Von der nutzbaren Lieb Gottes, welches der höchste Staffel der Lieb ist, und zwey Theil hat. Das erste ist, wenn die Seel allein aus Begierd, Gott zu gefallen, ohne einigen andern Respect, große Werk ihm zu Dienst thut, als da nämblich seynd: In großer Reinigkeit leben, Gott verehren und anbeten und der Eyfer, die Seelen der Nächsten zum Himmel zu führen, welches dreyerley Blumen seynd, die die Braut begehrt. Das ander ist, wenn sie, [um] Christo dem Gekreuzigten nachzufolgen – welcher durch den Apfelbaum bedeutet wird –, umb Widerwärtigkeiten, Creuz und Trübsalen und Verfolgungen bittet und [darin] anhält; und, wenn sie dieselben hat, mit Geduld überträgt.

Erquicket mich mit Blumen, umbstecket mich mit Äpfeln, denn ich werde krank vor Lieb.

O wie himmlische Wort seynd dieses zu meinem Vorhaben! Wie denn, o heilige Braut, tötet Dich denn die Süßigkeit – denn wie ich erfahren hab, so ist dieselbe bisweilen so überaus groß, daß sie die Seel dermaßen hinrichtet, daß es sich ansehen läßt, als könne sie nimmer leben – und Du begehrst Blumen? Was für Blumen seynd dieses? Denn dies ist nicht das Mittel, das Dir helfen kann, es sey denn, daß Du ihrer begehrest, damit Du eher absterben mögest. Denn gewißlich: Nichts wird so sehr verlangt als dies, wenn die Seel hieher gelanget. Das will sich aber nicht reymen, denn sie spricht: Erquicket mich mit Blumen. Dies Erquicken aber gedünkt mich kein Begehren des

Tods zu seyn, sondern vielmehr [ein Begehren], mit dem Leben demjenigen etlichermaßen zu dienen, deme sie sich so hoch verbunden befindet.

Gedenkt nicht, meine Töchter, daß hie zu viel geredet werde, wenn sie sagt, sie wäre krank und sterbe; sondern, wie ich Euch gesagt hab, so trägt es sich hier in der Warheit also zu. Denn die Liebe würket bisweilen mit solcher Gewalt und unterwirft ihr [= sich] dermaßen alle Kräfte des Leibs, daß ich von einer Persohn weiß, welche, als sie sich in dergleichen Gebet aufhielte und eine schöne Stimm hörte singen, mich vergewissert hat, daß ihres Erachtens, wenn das Gesang nicht aufgehöret hätte, ihre Seel vom Leib gefahren wäre vor großer Wollust und Süßigkeit, die ihr der Herr zu kosten gab. Dahero seine Majestät verhänget hat, daß diejenige aufhörte, zu singen; denn die andre, die da verzücket war, hätte zwar wol können sterben, aber nicht sagen, daß sie aufhören sollte, dieweil alle ihre äußerlichen Kräfte und Bewegungen also beschaffen waren, daß sie nichts thun noch sich rühren konnte. Die Gefahr zwar, in der sie sich befand, merkte sie wol; ist ihr aber [gewesen] gleich wie einem, der in einem schweren Traum liegt und gern darvon ledig wäre und nicht reden kann, ob er schon gern wollte. Hie aber begehrt die Seel nicht, darvon erledigt zu seyn, wäre ihr auch nicht beschwerlich, zu sterben, sondern vielmehr eine große Freude; denn dies ist ihr einziges Verlangen. Und gewißlich, ein seliger Tod wäre dieser, von den Händen des Herrn und seiner Liebe [zu] sterben! Und wenn sie nicht bisweilen seine Majestät erleuchtete, daß es besser sey, daß sie lebe und es mit Geduld leyde, so könnte es ihre schwache

Natur nicht ertragen, wofern dieses Gut lang daurete. Dahero begehrt sie ein anders Gut von ihm, damit sie sich von diesem so überaus großen Gut erledige, und spricht: Erquicket mich mit Blumen.

Wol einen andern Geruch haben diese Blumen und seynd viel anders als die, [die] wir hie auf Erden riechen. Hierdurch verstehe ich, daß die Braut begehre, große Werk in dem Dienst des Herrn und des Nächsten zu thun. Dahero erfreuet sie sich, dieselbe Freud und Ergötzlichkeit zu verlieren. Denn ob schon diese Blumen mehr zu dem würklichen als zu dem beschaulichen Leben gehören und [es] das Ansehen hat, als sey es ein Verlust, so wird sie doch ihrer Bitt gewähret. Denn wenn die Seel in diesem Stand ist, höret sie nie auf zu würken, und gehen Martha und Maria gleichsamb miteinander. Denn in den würklichen Übungen, welches etwas Äußerliches [zu sein] scheinet, würket auch das Innerliche. Und wenn die würklichen Übungen von dieser Wurzel entspringen, so seynd es wunderschöne und wolriechende Blumen, dieweil sie von diesem Baum der Lieb Gottes hervorschießen und allein umb seinetwegen geschehen, ohne allen eygenen Nutzen. Und dieser Blumen Geruch breitet sich aus, damit er bey vielen Nutz schaffe; und ist ein Geruch, der dauerhaft ist und nicht bald vergehet, sondern große Ding würket.

Was hie die Blumen seynd.

[Ich] begehre mich noch besser zu erklären, damit Ihr es verstehen könnet. Thut etwan einer eine Predig [in] der Meynung, die Seelen dardurch zu befördern; ist aber unterdessen noch so gar dem menschlichen Eygennutz nicht entzogen, daß er nicht etwan darbey ein

Verlangen hab, den Zuhörern zu gefallen, damit er dardurch geehret und hoch geachtet werde, oder damit er dardurch etwan zu einem Canonicat gelangen möge. Dergleichen Ding seynd mehr, die ihrer viel thun, dem Nächsten zum Nutzen und mit guter Meynung, doch mit fleißiger Obacht, damit sie im geringsten nicht etwas dardurch verlieren oder den Menschen mißfallen. [Sie] haben auch ihre Verfolgungen [zu fürchten], wollen sowol den Königen und großen Herrn als auch dem Volk gefallen [und] thun alles mit Bescheidenheit, welche die Welt so hoch achtet und [die doch] vieler Unvollkommenheiten eine Beschützerin und Deckmantel ist, dieweil man ihnen den Namen der Bescheidenheit gibt – und gäbe Gott, daß dem also sey. Diese dienen zwar seiner Majestät [und] werden auch viel Nutzen schaffen. Aber das seynd die Werk nicht, die die Braut verlanget, noch die Blumen, meines Erachtens, sondern daß man in allem bloß und allein auf die Glory und Ehr Gottes sehe.

Denn gewißlich: Diejenigen Seelen, die Gott zu diesem Stand erhebet, wie ich verstehe, erinnern sich ihrer selbsten nicht mehr, als wenn sie nicht wären; gedenken auch weder an Verlust noch Gewinn, sondern sehen allein, wie sie dem Herrn dienen und gefallen mögen. Und weil ihnen bewußt [ist], was für eine Lieb Gott zu seinen Dienern und Kindern trage, so berauben sie sich gern seines Trosts und seiner Güter, damit sie ihnen dienen und Guts thun mögen und ihnen solche Warheiten sagen mögen, dardurch ihre Seelen zunehmen aufs beste als sie können; gedenken auch nicht daran, ob sie selber dardurch etwas verlieren. Des

Nächsten Nutzen und Gewinn haben sie allein vor Augen und anders nichts. Damit sie Gott einen Gefallen thun, vergessen [sie] umb ihret [= der Nächsten] wegen ihrer selbsten und setzen ihr Leben daran in diesem Verlangen. Ihre Wort seynd mit dieser so erhöhten Lieb Gottes behaftet, und in solcher Trunkenheit von diesem himmlischen Wein vergessen sie ihrer selbsten. Und so sie sich ihrer erinnern, so achten sie doch im geringsten nicht, ob sie den Menschen gefallen. Die also beschaffen seynd, die schaffen großen Nutzen.

Ich erinnere mich jetzt dessen, was ich oft gedacht hab von jener heiligen Samaritanerin. Wie verwundet wird dieselbe gewesen seyn von dieser Flammen, und wie wol hat sie in ihrem Herzen des Herrn Wort gefasset, sinthemal sie denselben verlassen, damit ihre Landsleuth denselben auch gewinnen und seiner theilhaft werden möchten. Wie wol erkläret sie das, was ich hie sage. Zur Belohnung aber dieser so großen Lieb hat sie verdienet, daß man ihr geglaubt hat und daß sie den großen Nutzen gesehen hat, den der Herr bey denselben Bürgern geschaffet hat. Dies, gedünkt mich, müsse eine aus [= von] den allergrößten Tröstungen seyn, die man auf Erden haben kann, wenn man siehet, daß etliche Seelen vermittels seiner zunehmen im Guten. Alsdann, gedünkt mich, genieße man der süßen Frücht dieser Blumen. Selig seynd diejenigen, denen der Herr diese Gnad verleyhet, welche ihm hoch verbunden seynd zu dienen. In dieser göttlichen Trunkenheit ging diese Heilige und rief mit heller Stimm auf den Gassen. Was mich aber verwundert, ist, wie man ihr geglaubt habe, weil sie [doch] ein Weibsbild und ohne Zweifel nichts

Vornehmes war, indem sie umb Wasser [zu schöpfen] ginge. Sie war aber sehr demütig; denn als ihr der Herr ihre Sünden anzeigte, entschuldigte sie sich nicht, wie man jetzt in der Welt zu thun pflegt – denn die Warheit ist übel zu übertragen –, sondern sagte zu ihm, er müßte gewißlich ein Prophet seyn. In summa, man hat ihr geglaubt, und seynd allein auf ihr Wort viel aus der Stadt kommen, den Herrn zu sehen.

Also sag ich nun, daß solche bey vielen großen Nutzen schaffen. Denn nachdem sie viel Jahr lang mit seiner Majestät Gespräch gehalten und gleichwol umb ihres eygenen Trosts und Süßigkeit halben nicht unterlassen wollen, dem Herrn in beschwerlichen Sachen zu dienen, obschon dardurch ihre Freud und Wollust verstöret wird, sage ich von ihnen, daß der Geruch dieser Blumen und herrlichen Werk, die von dem Baum einer so inbrünstigen Lieb herkommen, viel dauerhafter sey, und daß eine von diesen Seelen mit ihren Worten und Werken mehr Nutzen schaffe als viele andere, die noch mit dem Staub unserer Sinnlichkeit und mit der Begierd eines eygenen Nutzens behaftet seynd.

Von diesen Blumen entspringet die Stärke zur Übertragung der Verfolgungen, welches die Äpfel seynd, von denen gleich darauf die Braut spricht: Umbstecket oder stärket mich mit Äpfeln – gib mir, o Herr, Widerwärtigkeiten und Verfolgungen. Und diese verlanget sie in der Warheit, gerät ihr auch wol mit denselben. Denn weil sie nunmehr ihren eygnen Trost nicht suchet, sondern wie sie Gott gefallen möge, so hat sie ihren Lust und Gefallen da, [wo] sie in etwa dem mühseligsten Leben, das Chri-

Was die Äpfel bedeuten.

stus der Herr geführet hat, nachfolgen möge. Durch den Apfelbaum verstehe ich den Baum des Heiligen Creuzes, dieweil an einem andern Orth des Hohenlieds gesagt wird: Unter dem Apfelbaum hab ich Dich auferwecket.

Eine Seel aber, die mit Creuz und Widerwärtigkeiten umbgeben ist, hoffet von denselben große Hülf und Linderung. Sie hält sich zwar nicht so stetig in der Belustigung der Beschaulichkeit auf und hat ein großen Lust und Gefallen im Leyden; es verzehrt ihr aber und schwächet ihr die Kräfte nicht so sehr als wie die Verzückung der Seelenkräfte in der Beschaulichkeit, wenn sie oft geschieht.

So hat sie auch Ursach, solches zu begehren, dieweil es nicht alles lauter Nießung seyn muß, ohne daß man auch etwas darbey arbeite und sich bemühe. Dieses merke ich mit allem Fleiß in etlichen Persohnen – denn ihrer nicht viel seynd umb unserer Sünden wegen –, welche, je mehr sie zunehmen in diesem Gebet und Tröstungen des Herrn, je [= desto] mehr sie des Nächsten Trost und Heyl suchen, sonderlich [das Heil] der Seelen. Und damit sie eine aus dem Stand einer Todsünd erledigen mögen, wollten sie gern viel Leben daran wagen, wie ich am Anfang gesagt hab.

Wer wird aber dies denjenigen einreden können, denen der Herr erst anfängt, solche Süßigkeiten zu ertheilen? Vielmehr wird ihnen vielleicht gedünken, daß jene andren ihr Leben übel anlegen und daß alles daran gelegen sey, daß sie in ihrem Winkel dieses Trosts genießen. Eine sonderliche Vorsehung von Gott ist, meines Erachtens, daß diese nicht erkennen, wie weit jene andren gelangen. Denn mit dem Eyfer, den sie im Anfang empfinden, würden sie sonst gleich einen Sprung bis dorthin thun wollen, welches ihnen aber nicht rathsamb ist, dieweil sie noch nicht genug erwachsen seynd, sondern noch ein zeitlang mit der Milch müssen gespeist werden, von der ich anfangs gesagt hab. Sie [mögen] sich nur noch bey diesen Göttlichen Brüsten halten; denn der Herr wird schon Sorg darfür tragen, wenn sie stark genug seyn werden, daß er sie weiter befördere und anführe. Denn damahls würden sie solchen Nutzen nicht schaffen, wie sie vermeynen, sondern vielmehr ihnen selber schaden.

Dieweil Ihr aber in dem Buch, darvon ich Euch gesagt hab, eine Seel weitläufig beschrieben finden werdet, die da begierig ist, andern zu helfen, und wie gefährlich es sey, daß man sich vor der Zeit herauslasse, so will ich weiters nicht sagen noch hierin weitläufiger seyn; dieweil meine Meynung, als ich dies angefangen, gewesen [ist], Euch zu erklären und zu lehren, wie Ihr Euch trösten könnet, wenn Ihr etliche Wort aus dem Hohenlied höret, und die großen Geheimnussen [zu] betrachten, die in denselben verborgen [sind], ob sie Euch schon dunkel vorkommen. So ich mich aber weiter einlassen wollte, wäre es eine Vermessenheit. Gebe Gott, daß ich in dem, was ich gesagt, nicht vermessen gewesen sey, wiewol es geschehen ist, deme dardurch zu gehorsamen, der mir es befohlen hat. Alles gereiche zu seiner Göttlichen Majestät Ehren! Ist etwas Guts hierinnen, werdet Ihr leicht glauben, daß es nicht von mir herkomme, sinthemal die Schwestern, die bey mir seynd, wol sehen, wie eylend ich dieses geschrieben wegen der vielfältigen vorfallenden Geschäfte. Seine Göttliche Majestät bitte ich, daß ich es durch eygene Erfahrung verstehe. Welche aus [= von] Euch vermeynen wird, daß sie etwas dergleichen habe, die lobe den Herrn und begehre dies letzte von ihm, damit der Gewinn nicht für sie allein sey. Der Herr wolle uns mit seiner Hand erhalten und uns allezeit lehren, seinen heiligen Willen [zu] erfüllen.

Amen

Notizen zur vorliegenden Textfassung.

Der vorliegende deutsche Text der *Conceptos del Amor de Dios,* dessen vollständiger Titel *Bedencken von der Liebe Gottes. Uber etliche wort deß Hohen-Lieds Salomonis* lautet, entstammt folgender deutscher Erstausgabe der Werke Teresas in der Übersetzung des Würzburger Priors Matthias a Sancto Arnoldo aus dem Jahre 1649:

OPERA oder ALLE BUECHER UNND SCHRIFFTEN DER HEILIGEN SERAPHISCHEN JUNGFRAWEN UND MUTTER / TERESA VON JESU / Der Discalceaten Carmeliter und Carmeliterinnen Stiffterin (. . .).

Gedruckt zu Wurtzburg durch Henrich Pigrin / in Verlegung / Jodoci Kalckhovens / Buchhändlers in Coellen / im Jahr MDCXLIX.

Ander Theil (= 2. Band), S. 490–535.

Der Herausgeber hat sich – trotz der anfänglichen Schwierigkeiten, die für den heutigen Leser damit verbunden sein mögen – zur Wiedergabe der deutschen Erstübersetzung aus dem Jahre 1649 hauptsächlich aus zweierlei Gründen entschieden: erstens, weil der Übersetzer Matthias a Sancto Arnoldo die »skandalösen« Passagen der Schrift Teresas nicht jener prüden Selbstzensur unterwirft, die für die deutschsprachigen Werkausgaben des 20. wie des 19. Jahrhunderts kennzeichnend sein wird; zweitens, weil ihr stilistisches Ausdrucksvermögen der dionysischen Sprache Teresas auf subtile Weise gerecht wird und von dorther in unmittelbarer poetischer Nachbarschaft der feinnervigen

Nachdichtung des *Hohenliedes* durch den deutschen Barockdichter Martin Opitz: *Salomons Des Hebreischen Königes Hohes Liedt* (1627)* sich befindet.

---

* Im Nachwort zitiert nach der Neuausgabe in: *Das Hohe Lied Salomos. Nachdichtungen und Übersetzungen aus sieben Jahrhunderten,* Hrsg. Hermann Timm, Frankfurt am Main 1982 (it 600), S. 81–113.

Worterklärungen.

Seite 9

Bedenken von = Betrachtungen o. Gedanken über Verstand der Heiligen Schrift: Sinn o. Bedeutung der ...

in acht nehmen = beobachten

nicht so fast = nicht so sehr

Seite 10

abmüden = ermüden

die nicht schuldig seynd = die nicht verpflichtet sind

Seite 11

den Verstand desselben = den Sinn desselben

Ungeschicklichkeit = Einfalt, Unverstand

ihr ein Herz machet = sie ermutigt

wenigen Lieb = geringen Lieb

gebrauchen wir uns = bedienen wir uns

Fünd = Möglichkeiten

Seite 12

abweichen = abirren

ohne Ursach = ohne Grund

eines Religiosen = eines Ordensmannes

Versicherung = Sicherheit

Seite 13

Erfahrnuß = Erfahrung

das sie versichern hätte können = das ihr Sicherheit hätte geben können

verhindern lasset = beirren lasset

Seite 14

daß Ihr Euch ... aufhalten wollet = daß Ihr ... innehalten wollet

vorgebracht werde = geäußert werde
welches ihr rechter Verstand sey = welches ihr ... Sinn sei
bis dato = bis jetzt
genugsame = genügende

Seite 15

zu dem Ende = aus diesem Grund
übersehen = durchsehen
aller vernarret = ganz vernarrt

Seite 16

so gar ausgeschlossen = so ganz ausgeschlossen
Nießung = Genuß
den rechten Verstand treffen = den rechten Sinn treffen
zugetroffen = [den Sinn] getroffen

Seite 17

ein Herz zu machen = zu ermutigen
vielerley Verstand = vielfache Bedeutung

Seite 18

diese Wort bloß = diese Worte in ihrer konkreten Bedeutung
wol in acht zu nehmen = wohl zu beachten
aufs wenigste bin ich versichert = wenigstens bin ich sicher

Seite 19

sehen sie Dich also demütig = sehen sie Dich so gering an
außer sich selber verzücket = in den Zustand der Verzückung versetzt

Seite 21

weil wir zu dem End ... = weil wir aus diesem Grund

Seite 22
weiters herauszulassen = mehr darüber zu äußern
gemeiniglich = allgemein
vorfallen = vorkommen

Seite 23
mortificiert = abgetötet
gemeiniglich = im allgemeinen

Seite 24
gemeiniglich = ständig

Seite 26
großmüthig = auf das Große, Hohe gerichtet
aufs wenigste = wenigstens
ausgereutet = ausgerissen

Seite 27
contentieren = zufriedenstellen

Seite 28
Hinlässigkeit = Nachlässigkeit
in Ansehung solcher = im Vertrauen auf solche
die da verhindern = die vom rechten Weg abbringen

Seite 29
für sehr bös urtheile = als sehr böse beurteile
Vornehmen = Vorsatz
Gelegenheiten = Anlässe zur Sünde
ein fein gelegenes Leben anstellen = sich ein bequemes Leben einrichten
Veränderungen = Unbeständigkeit

Seite 30
hinlässig = nachlässig
vorsage = vortrage
umb Freundschaft zu handlen = sich um Freundschaft bemühen

hiervon handlen = sich damit befassen
vertraulich und absonderlich gehandelt = zu der ich in vertrauten und engen Beziehungen stand

Seite 31

übertruge = ertrug
Gelegenheit ihres Leibs = Bequemlichkeit ihres Leibes
Ursachen = Gründe

Seite 32

allerbestürzt = sehr bestürzt
so fast nicht = nicht so sehr
der sie verstehe = der sie durchschaut

Seite 33

Mortification = Abtötung
Leibesgelegenheiten = Angelegenheiten des Leibes
Bescheidenheit = Klugheit

Seite 34

abmüdet = ermüdet
schwere Gelegenheiten = gefährliche Situationen
aus denen man abnehmen kann = an denen man erkennen kann
Mortification = Abtötung

Seite 35

nicht fast = nicht sehr

Seite 36

großmütige Begierden = Begierden, die auf das Große und Hohe gerichtet sind
die großen Vornehmen = die hohen Vorsätze

Seite 37

Zertheilung = Trennung

Seite 38

Bescheidenheit = Verstand

Seite 39
Bescheidenheit = Verstand
Seite 40
vertauschete = austauschte
hat er mit mir gehandlet = hat er sich mit mir beraten
Anhalten = Bitten o. Bemühen
ins Werk zu richten = zu verwirklichen
Eygenwitzige und Bescheidene = Kluge und Verständige
Seite 41
Witz = Klugheit
bestreiten = bekämpfen
was Raths = welche Hilfe
Seite 43
überträgst Du = erträgst Du
damit es einer übertragen möge = damit es einer ertragen könne
Seite 44
Ruhsambkeit = innere Ruhe u. Harmonie
geliebt es Gott = wenn Gott will
Seite 45
Zartigkeit = Zartheit
begnüget = zufrieden macht
Seite 46
Absonderliches = Trennendes
sie verweiß sich selbst nicht = sie weiß nichts von sich selbst
Seite 47
unterhält = nährt
verbessert = besser macht
und sie täglich mehr verdiene = und sie täglich an Verdiensten zunimmt

allerverwundert = ganz verwundert
unterhalten = ernährt
ganz artlich = sehr schön o. richtig

Seite 50

Zertheilung = Trennung
sich unterstehen = wagen, auf sich nehmen
was Du schaffest = was Du befiehlst

Seite 51

steife Lieb = immer währende Liebe
die Lieb geordnet = die Liebe gestiftet

Seite 52

muß sich nicht eine Seel befinden = muß sich nicht eine Seele fühlen
gemeiniglich = im allgemeinen
auf eine absonderliche Weis = auf eine ganz besondere Weise

Seite 53

Influenzen = Eingebungen, Einwirkungen

Seite 54

dieser Verstand = dieser Sinn
wunderliche Lieb = wunderbare Liebe

Seite 55

die Lieb in ihr ordnet = die Liebe in ihr stiftet o. bewirkt
unterhalten = genährt
wol zu beobachten = wohl darauf zu achten
eines einigen = eines einzigen
sich ihr . . . zu ertheilen = sich ihr mitzuteilen

Seite 56

in acht genommen = beobachtet

Seite 57

wo er aus soll = was er tun o. wo er hin soll

welcher sie so wol versichert = der ihr so viel Sicherheit gibt

Seite 58

sich nicht ermuntert befindet = sich nicht ermuntert = fähig fühlt

Seite 59

erstatte = leistet

Reinigkeit = Reinheit

das sie allda verhinderte = was sie daran hinderte

der sich [versiehet, verstehet = der darauf achtet =] bei diesem Vorgang mitwirkt

allein in Gott verhindert = sein Hindernis nur in Gott findet o. ungehindert auf Gott trifft

Seite 60

vertritt hie der Seelen Statt = tritt hier für o. anstelle der Seele ein

wie kann sie dann verdienen = wie kann sie dann Verdienste erwerben

wasmaßen = weshalb

Seite 61

abnehmen aus dem Officio = dem Officium entnehmen

Seite 62

ganz schön = sehr o. vollkommen schön

desto baß = desto besser

Discurs = Erwägung, Überlegung

probieret = geprüft

ausarbeiten = bearbeiten

Seite 64

fast gemeiniglich = fast immer

Seite 65

umbstecket mich = stärkt mich

Seite 66

Staffel = Stufe

ohne einigen andern Respect = ohne auf etwas anderes zu achten

Reinigkeit = Reinheit

überträgt = erträgt

hinrichtet = zurichtet, in einen Zustand versetzt

Seite 67

mich vergewissert hat = mir versichert hat

darvon erledigt zu seyn = davon befreit zu werden

Seite 68

sich ... erledige = befreit werde

Seite 69

Bescheidenheit = Klugheit

Seite 70

ihm hoch verbunden seynd = ihm sehr verpflichtet sind

Seite 71

übel zu übertragen = schwer zu ertragen

verstöret wird = gestört wird

Seite 72

Nießung = Genuß

sonderlich = vor allem

erledigen mögen = befreien können

Seite 73

damahls = vorher o. früher

sich herauslasse = sich hervorwage

Seite 74

vorfallenden = anfallenden

Zur Einrichtung des Textes.

Die Zeichensetzung entspricht grundsätzlich heutigem Gebrauch, die Orthographie wurde vorsichtig modernisiert. Das gilt insbesondere für die Groß- und Klein- sowie für die Zusammen- und Getrenntschreibung, für doppelte und einfache Konsonanz und für die Schreibweise von s, ss, ß, z, tz, d, t und i, ie. Abkürzungen wurden aufgelöst, der Umlaut von a, o, u zu ä, ö, ü vollständig durchgeführt und ew, aw als eu, au geschrieben; außerdem erscheinen vokalisches v und j des Originals im Text als u und i, und „für", „dann", „wann" in entsprechender Bedeutung als „vor", „denn" und „wenn". Gelegentlich wurden ungewöhnliche Wortformen sowie die Schreibweise einzelner Wörter, die sonst unverständlich wären, heutigem Gebrauch entsprechend stillschweigend verbessert. Auch in der Syntax war es gelegentlich unumgänglich, Umstellungen vorzunehmen, deren Zahl jedoch so klein wie möglich gehalten wurde. Zusätze [ ] und Erläuterungen [=] im laufenden Text sollen das Verständnis erleichtern oder präzisieren. Textteile, die syntaktisch als Einschub zu verstehen sind und im Original gelegentlich, nicht immer, eingeklammert sind, wurden durch Bindestriche gekennzeichnet. Dort, wo im Original das häufig gebrauchte „dieweil" in anderer Bedeutung als nhd „weil" erscheint und im Original „noch" steht, wo nhd „weder" stehen müßte, wurde stillschweigend verbessert. Im Nachwort wird jedoch stets die unveränderte Originalfassung zitiert.

Nachwort

Poetische Rückeroberung der irdischen Paradiese des Ichs.
Elemente einer (weiblichen) Liebestheorie

»Oh ihr großen, ihr überaus reichen Eroberungen der Indien Gottes, jener großen Welt, die sich den irdischen Blicken so verborgen hält!«
Francisco de Aldana[1]

Es gibt gewichtige Gründe, das literarische Werk der spanischen Mystikerin Teresa von Avila (1515–1582), einer der faszinierendsten Frauengestalten der europäischen Geschichte, anders als durch den Schleier hagiographischer Verklärung wahrzunehmen, der es seit der Heiligsprechung Teresas im Jahre 1622 gewöhnlich umhüllt[2], anders auch als mittels der diskriminierenden Überwachungs- und Zensurorgane des psychotherapeutischen Diskurses, dessen Gründungsväter in der zweiten Hälfte des 19. Jahrhunderts die neurotischen Symptome in der Lebensgeschichte der ekstatischen Heiligen bereitwillig als Gegenstand ihres medizinisch-physiologischen Bemühens um radikale Grenzmarkierungen zwischen Vernunft und Wahnsinn aufgriffen, um daraus einen klinischen Exempelfall für ihre These von der pathologischen Hysterie, das soll heißen: von der »psychopathia sexualis« der Frau schlechthin zu konstruieren.[3] Weder im Zugriff der sozialtherapeutischen Normierungsinstanzen der Moderne noch in der unkritischen Rezeptionspraxis der hagiographischen Tradition, die die Pathogenese christlicher Literaturproduktion selbst da zu verdrängen oder zur Idylle zu verfälschen pflegt, wo diese offenkundig ist, gibt dieses Werk jedoch seine transformatorischen, schöpferischen Leistungen zu erkennen: diese aber sind so zahlreich in seiner ästhetischen Faktur auffindbar, daß nur mit Mühe seine poetische Subversivität zu leugnen ist. Projektive Fehleinschätzungen der genannten Art[4] haben indes lange Zeit ernsthaften Bemühungen im Wege gestanden, die zeitgeschichtlichen (privaten wie kollektiven) Bedingungen zu erschließen, auf welche die neurotischen Befunde im Leben dieser Frau verweisen könnten, folglich auch, welche Bedeutung sie als Abweichungen von »gesunden« bzw. tonangebenden Verhaltens- und Identifikationsmustern für die Genese dieser Schriftstellerpersönlichkeit erlangt haben dürften.

Vereinzelt freilich haben seit einiger Zeit zumal spanische Kulturhistoriker, und gewiß nicht die geringsten unter ihnen, die Aufmerksamkeit einer breiteren Öffentlichkeit auf das literarische Werk der Nationalheiligen zu lenken und dessen vielschichtige Originalität für die Begründung einer Ästhetik der Moderne zu beanspruchen versucht. Es geschieht wohl kaum zufällig in zeitlicher Nähe zu den ersten Artikulationen des Freudschen Diskurses, daß einer der einflußreichsten Initiatoren der spanischen intellektuellen und politischen Erneuerungsbewegung der Jahrhundertwende, Miguel de Unamuno, in seinem kulturphilosophischen Essay *En torno al casticismo* von 1895 den Modellcharakter dieser Werke als realistische Inszenierungsstätten der unbewußten und verdrängten Instanzen des Individuums hervorhebt: »Die Werke der heiligen Teresa sind psychologische Autobiographien von kräftiger und präziser Realitätszeichnung, bar jedes psychologistischen Schwulstes«.[5] So führt die Suche nach exemplarischen Zeugnissen weiblicher Selbstfindung und -behauptung im Medium dichterischer Auseinandersetzung mit den maßgeblichen Glücks- und Identifikationsmodellen der Vergangenheit mit Notwendigkeit ebenfalls in die Arkana dieser Textgebäude zurück. Allen übrigen Literaturkritikern weit voraus, erkennt der Begründer einer entideologisierten Kultur- und Sozialgeschichte des alten Spaniens der arabisch-jüdisch-christlichen Koexistenz, Américo Castro[6], in einem richtungsweisenden Artikel von 1928 in der ästhetischen Opposition dieser Schriften gegen die Anmaßungen eines autoritären Herrschaftsdiskurses »die komplexeste und anmutigste Gestalt, die weibliche Sprache in Spanien je angenommen hat«.[7]

In jüngster Zeit sind Forscher aus verschiedenen Disziplinen derartigen Deutungsangeboten nachgegangen und haben damit begonnen, die thematischen Quellen dieser Werke, vornehmlich die religiösen, sowie deren stilistische Aufbereitung durch Teresa einzugrenzen.[8] Dennoch haben auch diese Studien uns der Erkenntnis der subtilen dialogischen Beziehungen, die die ästhetischen Figurationen Teresas an andere als an textliche Vorgaben binden, zumal an das gewaltige Reservoir der zu bildhaften Bewußtseinsgehalten verdichteten Ideologeme und Kulturtraditionen ihrer Zeit, nur schrittweise nähergebracht. Auch heute noch, vier Jahrhunderte nach dem Tod seiner Autorin, liegen die innovatorischen Qualitäten dieses poetischen Werkes weithin im dunkeln.

Aszendenzlinien.

Tatsächlich ist in die Werke Teresas nicht nur die den christlichen Gesellschaftssystemen des Okzidents gemeinsame *conditio feminina* als kaum verhüllte, listige, wenngleich mit bildlichem Ornat vorgebrachte Anklage eingraviert. Ihre Genese spiegelt außerdem mit geradezu idealer Radikalität die konfliktive Bedingtheit der Schriftstellerbiographie schlechthin sowie insbesondere die mannigfachen Bedrohungen, denen Literatur als reflexive poetische Realitätsinszenierung im Geschichtsfeld inquisitorialer und rassistischer Machtwillkür ausgesetzt ist.

Bereits durch ihre Herkunft ist Teresa de Cepeda y Ahumada, die am 28. März 1515 in einer zur wohlhabenden Oberschicht Avilas zählenden, kinderreichen Familie geboren wird[9], zu einem problematischen Dasein prädestiniert, wiewohl aus rein soziologischer Perspektive eher das Gegenteil zu erwarten wäre. Ihr Vater entstammt einem jener erfolgreichen jüdischen Kaufmannsgeschlechter[10], die noch vor der Rückeroberung der letzten maurischen Bastion auf spanischem Boden, dem Fall Granadas im Jahre 1492, bestrebt gewesen waren, durch Übertritt zum Katholizismus und Einheirat in altkastilische, das soll heißen: seit Urzeiten christliche Nobilität den schlimmsten Verfolgungen durch die Inquisitionstribunale, der beruflichen Vernichtung und Entmündigung im öffentlichen, politischen Leben zuvorzukommen. Ihr Großvater, Juan Sánchez aus Toledo (geboren 1440), ein aufwendig lebender Tuchhändler und Bankier, hatte im Jahre 1485, um folgenschweren Verdächtigungen vorzubeugen, der Inquisition freiwillig und reumütig seine über die Konversionszeremonie hinaus andauernde, geheime Ausübung der jüdischen Religion »gebeichtet« und war daraufhin mitsamt seinen Söhnen der christlichen Dogmatik wieder »versöhnt« worden. Welchen Eingriff indes dieser opportunistisch anmutende Unterwerfungsakt in die Identität dieses vornehmen Bürgers bedeutet haben mag, dürfte allein schon an dessen Entschluß abzulesen sein, durch die salvatorische Übernahme des Namens seiner »unverdächtigen« Ehefrau, der »Altchristin« *(cristiana vieja)* Iñés de Cepeda, und den Erwerb eines frei erfundenen Adelsprädikats, das ihn als Nachfahren eines Ritters unter Alphons XI. auswies, seinen eigenen Namen auszulöschen. Formale Anpassungsrituale dieser Art können nur den oberflächlichen Betrachter über die profunde Krise einer solchen Persönlichkeit hinwegtäuschen.

Analog verhielt sich Teresas Vater. Der Toledaner Alonso Sánchez de Cepeda verband sich in zweiter Ehe der kastilischen Adligen Beatriz de Ahumada, der künftigen Mutter Teresas; auch er sucht durch übertriebene Zugeständnisse an die asketische Frömmigkeit seiner Frau und auffälligen Eifer für die Sache der Orthodoxie den »Makel« seiner Abstammung von *conversos* (getauften Juden) vergessen zu machen. Seine pietistische Frömmigkeit ist unschwer als Ausweis eines selbstgewählten Rückzugs auf eine humanistische Position der Weltabgewandtheit zu deuten, welche sich als einzige moralisch vertretbare Alternative zur Militanz einer Gesellschaft auftut, die seit dem Regierungsantritt des Königspaares Ferdinand und Isabella den Kreuzzugsgedanken als staatsbildende Ideologie fortschreibt und das Kriterium der Glaubensreinheit mit dem rassistischen Mythos von der »Blutsreinheit« zu einer normativen, Ehre und Privilegien verbürgenden Werthierarchie der Herrschaft zusammenbraut.[11] (Es sei daran erinnert, daß im Jahre 1492 etwa 11 000 jüdische Handwerker und Händler, fast die Hälfte der gesamten Stadtbevölkerung und gewiß ihr dynamischster Teil, in böser Vorahnung aus Avila geflohen sind.) Ein Bruder des Vaters, Pedro de Cepeda, dessen Vorbild die literarische und religiöse Persönlichkeit seiner Nichte entscheidend prägen sollte, erscheint uns heute geradezu als Prototyp des »inneren Emigranten«. Mit seinen spiritualistischen Neigungen repräsentiert er die Sehnsucht der ehemaligen, nunmehr ihrer eigenen Sprache beraubten, kulturellen Elite Spaniens nach dem »verborgenen Gott« ihrer alten Glaubensgemeinschaft[12]; sein Eintritt in den Hieronymitenorden, die sprichwörtliche Zufluchtsstätte für getaufte Juden, besiegelt die Verachtung des Intellektuellen vor dem kollektiven Wahn des durch die *Reconquista* geeinigten Königreichs.

Beide antagonistischen Tendenzen, nach außen propagierter christlicher Kampfgeist und weltverachtende Spiritualität im Innern, prägen also das Bewußtseinsklima des elterlichen Hauses gleichzeitig; den Altersstufen entsprechend mal stärker dem einen, mal dem anderen Pol zuneigend, treten sie schon in der Heranwachsenden als ritterliche Heroismusvorstellungen und als religiöse Rückzugssehnsucht in Erscheinung, um den ganzen Lebensweg Teresas gleichermaßen zu bestimmen. Schon in ihrer Kindheit manifestieren sie sich als aus vielerlei Quellen gespeister, draufgängerischer Absolutheitsanspruch: bereits das siebenjährige Mädchen bricht heimlich mit ihrem älteren Bruder Rodrigo aus dem elterlichen Palast aus, um sich gegen die Mauren zu schlagen und von ihrer Hand möglichst schnell den Märtyrertod zu erleiden (vgl. Abb. 1). Zu derartig tollkühner Todesverachtung und fanatischer Sucht nach Erfüllung eines in monströsen Abenteuern zu erkämpfenden Ideals dürften die Geschichten aus den phantastischen Ritterromanen *Amadís von Gallien, Palmerín de Oliva* und ähnlichen sie ermuntert haben, die ihre Mutter, selbst eine begeisterte Leserin dieser modischen Fabulationsmaterie des 16. Jahrhunderts[13], ihren Kindern erzählte oder vorlas; dieselbe Lektüre wird Cervantes wenige Jahrzehnte später für die »wahnsinnige« Realitätsverkennung seines »edlen Ritters von der traurigen Gestalt«, Don Quijote de la Mancha, verantwortlich erklären. Sämtliche sieben Brüder Teresas treibt es im Geiste eines Kolumbus, Cortés oder Pizarro in die gerade entdeckten westindischen Kolonien, die sich nach dem Ende der innerspanischen Rechristianisierung als neue, immense Territorien den abenteuerlichen und eroberungsgierigen Expansionsgelüsten der männlichen Jugend Spaniens darbieten. Dabei ist die Verheißung eines *Eldorado*, unermeßlicher Goldschätze und paradiesischen Überflusses, nur eines der Motive für den kollektiven Auszug in den Krieg gegen die »Wilden« Amerikas (vgl. Abb. 2). Mit dem kolonialen Abenteuer und der Bewährung in ihm verknüpft sich ebenso für viele Deklassierte die Hoffnung, nach ihrer Rückkehr ins Mutterland die alten Diskriminierungen überwinden, zu Wohlhabenheit und vor allem zu gesellschaftlichem Status gelangen zu können. Für die Söhne des Hauses Cepeda, dessen sich der Chronist Fernández de Oviedo als einer Familie von zweifelhafter Orthodoxie erinnert[14], hat wohl paradoxerweise eine solche Hoffnung auf endgültige Anerkennung den repräsentativen Entschluß befördert, aus der Enge der rassistisch bornierten Kastengesellschaft auszubrechen, die jedem bürgerlichen und humanistischen Fortschrittsdenken feindlich gegenübersteht.

Literatur als Widerstand.

Der jugendlichen Teresa eröffnen sich solche Perspektiven nur in der Imagination, ansonsten sind ihr die exotischen Territorien männlicher Expansionslust, auf denen sie ihren ungestümen »ritterlichen« Idealismus ausagieren könnte, versperrt. Mehr noch: Wäre nicht der kulturelle Hintergrund ihrer Familie, die sie frühzeitig in Lesen und Schreiben unterweist, so wäre selbst diese Angehörige der großbürgerlich-aristokratischen Oberschicht der Provinzstadt von jeglicher in Bildung begründeter Teilhabe am gesellschaftlichen Leben ausgeschlossen. Nicht allein der Zugang zur wissenschaftlichen Kommunikation über die intellektuellen Streitfragen der Zeit bleibt der spanischen Frau im 16. Jahrhundert noch grundsätzlich verwehrt[15], da diese fast ausschließlich in der Sprache der männlichen Gelehrtenautorität, Latein oder gar Griechisch, geführt wird –; sogar die unmittelbare Lektüre der Bibel oder anderer kanonischer Schriften in volkssprachlicher (das meint hier: kastilischer) Übersetzung wird den relativ wenigen Lesekundigen unter ihnen im Zuge gegenreformatorischer Repressionen zunehmend erschwert. Dabei mangelt es schon zu Beginn des 16. Jahrhunderts auch in Spanien nicht an mutigen Reformvorschlägen aus Humanistenkreisen, welche darauf abzielen, das Exegese- und Verkündigungsmonopol der Gelehrtenautorität zu brechen und ihren eigenen Übersetzungs- und Vulgarisierungsvorhaben die ursprünglichen Bibeltexte statt der *Vulgata* zugrundezulegen. Die sechsbändige *Biblia Políglota Complutense,* die großartige editorische Leistung der Universität Alcalá de Henares aus den Jahren 1514–1517, bereitet, indem sie eine Synopse der vier sprachlichen Fassungen der Bibel (Leitung: Kardinal Cisneros) bietet, derartigen Bestrebungen den Boden. Sucht der holländische Reformator Erasmus mit seinem 1525 in Alcalá veröffentlichten *Libellus de ratione studii et pueris instituendi* eine neue und systematische Pädagogik für die männliche Jugend zu entwerfen, so hält der Humanist Luis Vives in dem 1523 zuerst in lateinischer *(De institutione feminae christianae),* kurz darauf in spanischer Sprache erschienenen Traktat *La instrucción de la mujer cristiana* ein geradezu umstürzlerisches Plädoyer zugunsten weiblicher Bildung. Solchen Bemühungen ist allerdings kein spürbarer Erfolg beschieden, da die spanische Orthodoxie der weiblichen Jugend keinerlei Anspruch auf Bildung einräumt, im Unterschied zu ihren Zugeständnissen an die Knabenerziehung, auf deren Sektor sich der soeben gegründete Jesuitenorden alsbald erfolgreich betätigt: schon ab 1534 befinden sich die städtischen Lateinschulen fest in seiner Hand, und von der Jahrhundertmitte an ist er an der Gestaltung aller pädagogischen Reformprogramme maßgeblich beteiligt. Im Umfeld des Konzils von Trient (1545–63) schlägt die fanatische Bildungsfeindlichkeit der gegenreformatorischen Dogmatik vor allem gegen die (des Lateinischen unkundigen) Frauen durch. Mehrere, von Mal zu Mal sich verschärfende Indices (1551, 1559, 1564), die dem antihäretischen Wüten des Großinquisitors Francesco de Valdés (1547–66) entspringen, führen schließlich zum Verbot nicht nur der spanischen Bibelübersetzung von Francisco de Encinas, sondern sämtlicher zeitgenössischer, in der Sprache des Volkes und der Frauen abgefaßten Bücher über Glaubensfragen, vor allem der mystischen Kontemplationsliteratur. Auch ihrer Lieblingslektüre, den von erotischen Idealen schwärmenden Ritterromanen, können sich die Frauen jetzt nur noch im geheimen widmen: im Jahre 1555 werden die Cortes ersucht, alle vorhandenen Exemplare zu verbrennen, da diese »Schundliteratur« zu Tagträumereien, Laszivität und Unmoral anstifte.[16]

Vor diesem Hintergrund kulturfeindlicher Militanz gegen Heterodoxie und weibliche Bildungsansprüche macht sich der Umgang mit Büchern, zu dem

Teresa durch ihr Elternhaus und das intellektuelle Außenseiterdasein ihres ins Ghetto der Innerlichkeit geflüchteten Onkels seit ihrer frühesten Jugend angeleitet wurde, als Widerstandsgestus einer kulturellen Elite aus, deren eigenes Wertsystem in Opposition zu demjenigen der die Herrschaft behauptenden Orthodoxie geraten ist. Durch die Übermittlung dieser Kultur wird in der jugendlichen Büchernärrin eine Disposition zur innergesellschaftlichen Résistance gefördert, die sich nach langen Jahren der Krise zur aktiven Rolle einer Produzentin von Kultur umwandeln und somit als determinierendes (Über-)Lebensprinzip erweisen wird. Das *Abecedario espiritual* (»Alphabet des Geistes«) des Mystikers Francisco de Osuna (1528 in Sevilla erschienen) etwa oder die *Subida del Monte Sión por la vía contemplativa* (»Aufstieg zum Berge Sion mittels der Kontemplation«) von Bernardino de Laredo (1535), beides Buchempfehlungen aus der Bibliothek des Onkels, die Teresas spätere Konzeption der mystischen Liebesvereinigung entscheidend beeinflußt haben, müssen folglich als Bausteine einer differenzierten Architektur des oppositionellen Bewußtseins betrachtet werden, welche schon frühzeitig im Vollzug der »Meditation« Gestalt annimmt: »Ich war vierzehn, und konnte nie eine Meditation durchführen, ohne mich auch gleichzeitig der Lektüre zu widmen«, heißt es im 26. Kapitel ihres Lebensberichts. Die genetische Funktion und den Gehalt dieser Lektüren vermag man sodann in den vitalen Entscheidungen der heranwachsenden Frau wiederzufinden, wo sie als voluntaristische bzw. psychosomatische Artikulationen tief innerlicher, verborgener Wi-

Bilddokumentation

1. Unbekannter Meister (18. Jh.)
Teresa zieht mit ihrem Bruder Rodrigo
ins Maurenland
Avila, Kirche der hl. Teresa

2. (Anonym)
Allegorie Amerikas
Paris, Bibliothèque Nationale,
Cab. des Estampes

3. Sandro Botticelli (1445–1510), Pietà
München, Alte Pinakothek

4. Francesco Salviati (1510–1563)
Pietà
Florenz, Palazzo Pitti

5. José de Ribera (1591–1652)
Büßende Maria Magdalena
Madrid, Museo del Prado

6. Diego Velázquez (1599–1660)
Die heilige Teresa von Avila
Madrid, Colección Casa Torres

7. Francesco Ubertini, gen. Bachiacca
Die heilige Magdalena, um 1540–45
Florenz, Palazzo Pitti

8. Gian-Lorenzo Bernini
Die Ekstase der heiligen Teresa von Avila,
1645–52. Marmorskulptur
Rom, Santa Maria della Vittoria

9. El Greco
Die Heilige Familie, um 1594–1604
Toledo, Hospital de San Juan Bautista

10. Tizian, Danae, 1553
Madrid, Museo del Prado

11. Oberrheinischer Meister
Das Paradiesesgärtlein, um 1410
Frankfurt am Main, Städelsches
Kunstinstitut

12. Hieronymus Bosch
Der Garten der Lüste, linker Seitenflügel,
kurz vor 1500
Madrid, Museo del Prado

13. Anonyme Illumination
Der Autor im Wunschgarten, um 1500
Paris, Bibliothèque Nationale,
Mss. Fr. 143, fol. 198 v.

14. Lucas Cranach d. Ä. (1472–1553)
Das Goldene Zeitalter, Ausschnitt
Oslo, Nasjonalgalleriet

15. Sandro Botticelli, Der Frühling, um 1478
Florenz, Galleria degli Uffizi

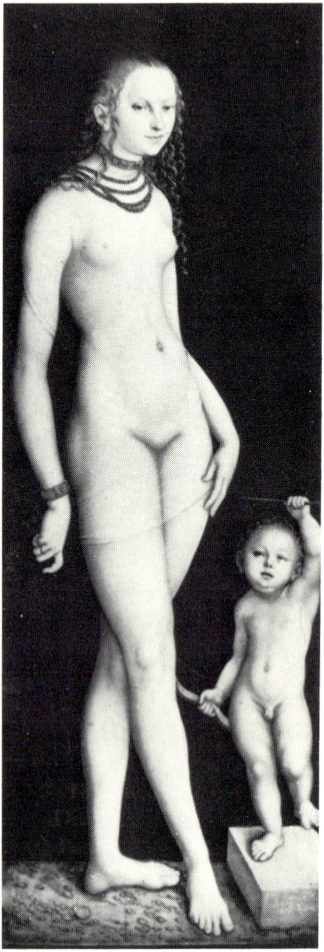

16. Lucas Cranach d. Ä.
Venus und Amor, um 1530
Berlin, Gemäldegalerie Dahlem

17. Alessandro Allori (1535–1607), Venus und Cupido
Florenz, Galleria degli Uffizi

18. Gustave Moreau
Die Erscheinung, 1876
Paris, Musée National
du Louvre

19. Henri Rousseau, Der Traum, 1910
New York, Museum of Modern Art

20. Gustave Moreau
Jupiter und Semele, 1894–1895
Musée Gustave Moreau, Paris

21. Simone Martini (1284–1344)
Der Kreuzweg
Paris, Musée National du Louvre

derstandskräfte zu Tage treten und sich sichtbar zur Architektur einer Gegenwelt zusammenfügen, die das Subjekt als Alternative zu einer schlechten, abstoßenden Wirklichkeit sich errichtet.

Pathogenese einer Schriftstellerin.

Mit 16 Jahren wird das junge Mädchen, das von heroischer Selbstverwirklichung nach Art ihrer Brüder träumt, auf Geheiß ihres Vaters und ungeachtet ihres rebellischen Widerstandes in das Internat des Klosters Santa Maria de la Gracia geschickt. Doch die Abwehr, die die attraktive, kokett-geistreiche und lebensfrohe Tochter aus vornehmem Hause gegen die Perspektive, Nonne werden zu müssen, jetzt noch aufbringt, kehrt sich paradoxerweise nach wenigen Jahren in den gegenteiligen Wunsch um, als Novizin in das Karmeliterinnenkloster *de la Encarnación* (»von der Menschwerdung«) in Avila aufgenommen zu werden. Zu dieser überraschenden Entscheidung – im November 1535 entflieht sie von Zuhause – dürfte einerseits das Vorbild einiger mit ihr befreundeter Nonnen, andererseits aber die erschreckende Perspektive eines künftigen Daseins als Ehefrau beigetragen haben, der einzigen »ehrenhaften« Alternative zum Klosterleben in dieser misogynen, von männlichen Privilegien bestimmten Gesellschaft. Die zahllosen Fälle von grob behandelten, zu Reproduktionsmaschinen erniedrigten, grundsätzlich in Unmündigkeit und sozialer Isolation gehaltenen Ehefrauen lassen der von hohen Persönlichkeitswerten beseelten jungen Frau das Kloster als eine vergleichsweise erträgliche – wenngleich keineswegs ideale oder erstrebenswerte – Existenzbedingung erscheinen. Tief verwurzelte Ängste, das gleiche Schicksal wie ihre Mutter erleiden zu müssen, eine fragile Schönheit, die nach der Geburt von zehn Kindern im Alter von nur 33 Jahren ausgezehrt stirbt – die erste Frau des Alonso Sánchez hatte schon nach zwei Geburten und drei Ehejahren das Zeitliche gesegnet –, dürften ihre Entscheidung maßgeblich vorgezeichnet haben.[17] Nicht anders sind die zahlreichen, meist nicht erst verhüllten, feministischen Appelle der späteren Schriftstellerin an ihre Mitschwestern zu verstehen, dem Leben in der Abhängigkeit einer Familie nicht nachzutrauern, sondern sich ganz dem Glück ihrer Vermählung mit Christus anheimzugeben, so etwa im 26. Kapitel ihres *Weges zur Vollkommenheit:* »Bekanntlich muß die Ehefrau, um gut verheiratet zu sein, mit ihrem Manne so umgehen, daß, wenn er traurig ist, sie sich ebenfalls traurig zeigen muß, und wenn er fröhlich ist, fröhlich, selbst wenn ihr überhaupt nicht danach zumute ist. Seht, Schwestern, von welcher Untertänigkeit ihr euch befreit habt! Der Herr pflegt wahrlich und ohne Fehl einen anderen Umgang mit uns: er macht sich zum Untergebenen und wünscht, daß ihr die Herrin seid und er sich nach eurem Willen richte.«[18]

Auf den ersten Blick hin mag es scheinen, als liege in diesem Entschluß Teresas die Ursache für eine lange Phase schwerer psychosomatischer Leiden, die zugleich mit ihrer Aufnahme in die *Encarnación* einsetzen. Die Novizin wird zunehmend von nervöser Überreiztheit, Verkrampfungen, »brennenden Eingeweiden« und Depressionen gequält, die sich nach der Ablegung ihrer Gelübde am 3. November 1537 zu einem Zustand akuter Lebensgefährdung steigern, so daß sie von ihrem Vater zur Pflege heimgeholt werden muß, das zweite Mal als Sterbende. Die von den Ärzten nicht zu erklärenden Leiden gipfeln in einer viertägigen todesähnlichen Erstarrung, aus der sie jedoch wie durch ein Wunder wieder erwacht; lediglich ihr Vater hatte sich verzweifelt gegen den Tod seiner Lieblingstochter aufgelehnt, ihn zu leugnen versucht, während die Mitschwestern aus der *Encarnación* schon Teresas Bestattung vorbereitet, ihr Grab ausgehoben hatten. Doch diese »Auferstehung«, der ein visionärer Abstieg der (Schein-)Toten in die Hölle vorausgegangen war, leitet nur zu einer neuen Pathologie, einer von fürchterlichen Schmerzen und Hyperästhesie begleiteten Lähmung über, die die junge Nonne drei Jahre lang (bis 1540) heimsucht. Doch auch der Genesung von dieser Paralyse folgt eine zwanzigjährige Phase schwerer neurotischer Störungen – Nahrungsverweigerung, tägliches Erbrechen, unerträgliche Kopfschmerzen[19], die selbst dann noch die spätere Ordensleiterin bis zu ihrem Tode im Jahre 1582 nie ganz in Ruhe lassen werden.

Dies alles, so könnte man zu folgern verleitet sein, sind Anzeichen für eine heftige viszerale Auflehnung gegen die Versagungen im klösterlichen Ghetto, somit auch gegen die eigene, voluntaristisch getroffene Entscheidung zu diesem Schritt. Die gegenteilige Interpretation drängt sich jedoch mit nicht geringerer Überzeugungskraft auf: jene nämlich, die nahelegt, daß diese Leidenssymptome einem profunden Ekel am Leben, insbesondere an den zeitgenössischen Bedingungen der weiblichen Existenz Ausdruck verleihen und einem radikalen Streben nach Verwirklichung in einer heroischen Idealität entspringen. So betrachtet, erscheint die Abgeschlossenheit des Klosterdaseins nicht als das gehaßte, sondern umgekehrt als das einzig wirkliche, privilegierte Territorium der Erfüllung dieses bedingungslosen Wunsches nach Nicht-Leben, eine Schutzsphäre, in der die Entwicklung zu einer von den Werthierarchien des Außen unabhängigen, widerständlichen Persönlichkeit gedeihen kann. Für diese Deutung spricht die unbestreitbare Tatsache, daß es Teresa nach zwanzigjährigen Schwankungen gelingt, diese Passion zu bewältigen und ihre Integration in ein lebensbejahendes Gesamtkonzept als produktiven Elan fruchtbar zu machen. Seit dem Jahre 1560 etwa, also von der Mitte ihres fünften Lebensjahrzehnts an, nimmt sie mit außerordentlichem Engagement eine umfassende und bewunderswerte soziale Gründungsaktivität auf. Sie reformiert durch die Aufstellung strenger Statuten den verwahrlosten Karmeliterorden und bereist in abenteuerlichen Unternehmungen ganz Spanien, um eine Vielzahl von neuen Klöstern zu gründen und ihre Reform überall durchzusetzen – gegen häufige und erbitterte Widerstände, wie beispielsweise den Eingriff des Padre de Salazar, der die ihm allzu »emanzipiert« vorkommende Organisatorin kurzerhand in einem Kloster internieren läßt, um sie von weiteren Gründungstaten abzuhalten. Die Merkmale dieser Ich-Findung sind unverwechselbar. Die auf Expansion des Ichs angelegten heroisch-ritterlichen Ideale ihrer Kindheit gelangen in spezifisch »weiblichen«, nichtzerstörerischen Eroberungsleistungen zur Entfaltung: statt der dem traditionellen männlichen Bewährungssystem der *Reconquista* gemäßen Vernichtung der Inkarnationen des Bösen (Mauren, Juden, Ureinwohner Mittel- und Südamerikas) betreibt sie eine »konstruktive« Okkupation der verschiedensten Positionen des »inneren Feindes«: aber diese betreffen nur zum Teil die »Bastionen« der protestantischen Versuchung, die sie des öfteren explizit erwähnt, sondern ebenso das über die Topographie des gesamten Königreichs verstreute Aggressionssystem der Orthodoxie selbst, ihrer Korruption und inquisitorischen Arroganz. Dies verleiht ihrer architektonischen und reformerischen Tätigkeit eine nicht zu übersehende oppositionelle Qualität. Als Teresa stirbt, umspannt das Netz ihrer Neugründungen (16 Nonnen- und 14 Männerklöster des Karmels) ganz Kastilien und Andalusien, reicht von Burgos und Medina del Campo, Valladolid, Segovia und Salamanca über Toledo bis nach Sevilla. Realitätsferne, Versponnenheit haftet diesem Eroberungswerk im Unterschied zu dem ihrer Vorbilder aus der phantastischen Ritterfabulation ihrer Zeit gewiß nicht an, vielmehr bezeugt es im Gegenteil eine brillante organisatorische und diplomatische Intelligenz und ein sicheres Gespür für realpolitische Machtverhältnisse, ansonsten die (seit 1571) Ordensleiterin aus Avila gewiß nicht das Vertrauen von Kardinälen, Granden, Architekten, Baumeistern und Bankiers gewonnen hätte, von den Damen der herrschenden Nobilität Kastiliens (z. B. der intrigierenden Prinzessin Eboli) umworben worden wäre und selbst den düsteren Monarchen Philipp II., die Verkörperung gegenreformatorischer Strenge, für ihre Pläne hätte gewinnen können. Dennoch dauern die neurotischen Störungen auch während dieser zwanzigjährigen Schöpfungsphase fort, aber sie determinieren nicht deren Struktur und Verlauf; ihre Permanenz illustriert vielmehr die außerordentliche Willens- und Lebenskraft dieser ungewöhnlichen Frau, die sich in keinem Augenblick weinerlichem Selbstmitleid anheimgibt.

Rituale der Wortergreifung.

Als nicht minder »heroische« Gründungsleistung sind die in dem gleichen Zeitraum entstandenen literarischen Werke Teresas zu werten. Ihr eigentlicher Beginn wird paradoxerweise durch eine schmerzliche Zäsur in ihrem vertrauten Umgang mit der Buchkultur provoziert: als Teresa durch den Index von 1559 von sämtlichen literarischen Quellen einschließlich der Stundenbücher ihres Ordens abgeschnitten wird, greift sie umso entschlossener selbst zur Feder und beginnt (1560), erste »Rechenschaftsberichte ihrer Seele« abzufassen. Es bedarf allerdings – dies wird bezeichnend für ihre gesamte literarische Produktion sein – der ausdrücklichen Aufforderung durch ihren damaligen Beichtvater García de Toledo, damit die zur schriftlichen Gewissenserforschung entschlossene Nonne, die sich im Jahre 1562 im Palast der von ihr betreuten Witwe Doña Luisa de la Cerda in Toledo aufhält, ihre Beobachtungen ordnet und zu einem autobiographischen *Buch des Lebens (Libro de la Vida)* strukturiert. Ziel des ohne Kapiteleinteilung redigierten Manuskripts ist also offiziell die Information der männlichen Autorität innerhalb der Ordenshierarchie (sie überreicht García das Buch im Juni 1562). Sie zeichnet darin in einer frischen, bilderreichen und bisweilen regional gefärbten Sprache, von ihrer Kindheit angefangen, die Stadien ihres abenteuerlichen und leidensreichen Weges zur Erlangung der mystischen Liebesvereinigung mit dem himmlischen Bräutigam nach, entwickelt dabei im Mittelteil die zur Erreichung dieses Zieles erforderlichen Strategien der Askese und Meditation und schließt in einer gleichsam didaktischen Perspektive, die den Modus der Überführung ihres subjektiven ekstatischen Erlebens in eine soziale Kommunikation skizziert, mit der Beschreibung ihrer ersten Klostergründung.[20]

Ein merkwürdiger Kontrast tut sich auf zwischen der Enthüllung leidenschaftlich aufgewühlter Seelenlandschaften, der freimütigen Schilderung persönlicher Verirrungen und deren Verflechtung mit einer typischen Familienchronik der Inquisitionsepoche einerseits und der fundamentalen Anonymität dieser Vita andererseits: kein Name, keine Orts- und Zeitangabe erlaubt das Subjekt und die Akteure dieses Seelendramas geschichtlich zu identifizieren. Einen der Gründe hierfür kann man Teresas Vorwort entnehmen, denn dieses verweist doppelzüngig auf die bedrohliche Situation einer jeden Frau, die sich in die männliche Institution Schrift hineinwagt. Dort wird erstmalig ausdrücklich jene Bitte um Nachsicht für die eigene weibliche Ignoranz in Angelegenheiten der Orthodoxie sowie für sprachliche Hilflosigkeit vorgetragen, die sich, als vielfach variierter Bescheidenheits- und Inkompetenztopos rhetorisch gewendet, durch das ganze Werk hindurchziehen wird: die Vorsichtsformel »wie mir scheint« begleitet jede neue Affirmation eines subjektiven Erlebens, jeglichen möglicherweise häretischen Deutungsvorschlag. Die Notwendigkeit solcher Demutsbezeugungen läßt das volle Ausmaß der zensorischen Macht der kirchlichen Autorität auf dem gesamten Feld der literarischen Kreation erraten und spiegelt die reale Abhängigkeit der Ordensfrau von ihren (bisweilen wesentlich jüngeren) Beicht»vätern«, deren Befehl erst die Niederschrift ihrer eigenen Erfahrungen legitimiert. Eine ähnliche Funktion wie jenen Demutsformeln könnte auch der Anonymität des Werkes zukommen, welche dann zugleich dazu dienen würde, das schreibende Subjekt vor Verdächtigungen seitens der Hüter der Orthodoxie zu schützen. Für diese Deutung spräche immerhin die Weigerung Teresas, das Manuskript ihres *Lebensbuches* über den engen Kreis des Karmels hinaus zirkulieren zu lassen und zu publizieren.

Im Verlauf der Lektüre dieses Lebensberichts zeichnet sich freilich noch eine andere, gegenteilige Erklärung für seine konstitutive Namenlosigkeit ab. Da sich nicht selten in der unmittelbaren Textumgebung ein unverhüllt feministischer Exkurs gegen die eitlen Gelehrten und pedantischen Wortfetischisten aus dem Lager der männlichen Literaturverwalter findet, drängt sich die Vermutung auf, daß Teresa das Ritual weiblicher Ignoranzbekundung eher parodistisch benutzt, es als rhetorische Konvention innerhalb einer von männlicher Arroganz gemaßregelten Schrift ironisch-listig zitiert. »Immer, wenn es um schwierige Dinge geht, gebrauche ich die Wendung ›mir scheint‹«, glossiert sie ihre stilistische Eigenart in der *Inneren Burg* (5. Wohnung, 1. Kapitel), »obwohl ich den Eindruck habe, daß ich es weiß und die Wahrheit sage; denn falls ich im Irrtum sein sollte, bin ich jederzeit bereit, das zu glauben, was diejenigen sagen, die eine hohe Gelehrsamkeit besitzen«. Was allerdings die Ordensfrau von der Unterscheidungsfähigkeit mancher dieser »Fachmänner« in Wirklichkeit hält, gibt sie unverblümt in ihrer anschließenden Bemerkung preis: »Jedoch habe ich auch mit ängstlichen Halbgelehrten meine Erfahrungen gemacht ...«.[21] So betrachtet, verleiht die Anonymität eher einem vehementen weiblichen Anspruch auf Exemplarität Ausdruck: Intention und Bedeutung dieser Vita erschöpfen sich keineswegs in der Enthüllung subjektiver Erlebnisse geschichtlich einzugrenzender Personen, und seien diese noch so spektakulär, sondern verweisen auf deren Modellcharakter für die zeitgenössische Weiblichkeit schlechthin.

Altes und neues Leben der Maria Magdalena.

Diese Grundannahme wird durch zahlreiche thematische und strukturale Eigenarten des *Libro de la Vida* gestützt, durch welche jenes in einen objektiven Legitimationsrahmen einbezogen, mit einer transsubjektiven Finalität ausgestattet wird. Eine Schlüsselfunktion kommt dabei der literarischen Erinnerung des Bekehrungserlebnisses im 9. Kapitel zu, welches zugleich die semantische Achse bildet, von der aus sämtliche Daten des Lebensberichts ihren Sinn beziehen. Die Inszenierung dieser Lebenswende vollzieht sich in drei signifikanten Stadien, deren Abfolge weniger einem historischen denn einem symbolischen Zeitschema gehorcht, das einem traditionsreichen poetischen Darstellungsmodell entstammt. Das erste Stadium umfaßt die anläßlich eines Klosterfestes erfolgende (biographisch wohl in die Jahre 1553/54 zurückreichende) Begegnung Teresas mit einem ergreifenden Bild des Schmerzensmannes Christus und die tiefe seelische Erschütterung, die dieser Anblick in ihr auslöste: in einer Aufwallung grenzenlosen Mitleids, unter Sturzbächen von Tränen, bietet sie ihre ganze Liebe dieser Inkarnation der geschundenen Menschheit dar und fleht die nunmehr zu ihrem Geliebten gemachte Leidensfigur an, sie nicht mehr in die »Sünde« der Gottesferne zurückfallen zu lassen.

So unmittelbar auch diese Gefühle durch malerische und plastische Kunstwerke der Zeit aus dem Geiste eines Berruguete oder der flämischen Schulen ausgelöst sein mögen (etwa durch den *Ecce Homo* des Klosters zu Valladolid), so langfristig sind sie doch durch die Lektüre einer florierenden, bis auf die *Imitatio Christi* des Thomas a Kempis zurückreichenden Kontemplationsliteratur vorbereitet.[22]

In unmittelbarem Anschluß an diese Schilderung der Konstituierung ihres leidvollen Liebesobjekts erinnert die Schreibende, wie oftmals während ihrer Teilnahme am Sakrament der Kommunion – das soll heißen: der symbolischen Liebesvereinnahmung des *Corpus Christi* – in ihrer Imagination das Bild der Büßerin

Maria Magdalena sich einstellte und wie sie sich bemühte, mit dieser Exempelfigur der ebenfalls tränenreichen Liebenden zu verschmelzen. Nicht von ungefähr erwähnt sie diesen identifikatorischen Prozeß an dieser Stelle, und nicht zufällig legt sie ihn zeitlich nicht auf ein einmaliges Ereignis fest. Das (wohl ikonographisch wie rhetorisch übermittelte) Vorbild Maria Magdalenas strukturiert nämlich die konsequente lebensgeschichtliche Fortsetzung ihres Liebesergreifungsaktes vor, da es ein spezifisch an die Weiblichkeit gerichtetes Emotions- und Handlungsangebot bereithält, das durch die Kausalverknüpfung von Liebe und Mitleid gekennzeichnet ist. Der einmalig anmutende Bekehrungsvorgang entpuppt sich somit ebenfalls als eine »dramatisch« verdichtete Erinnerung der durch jahrelangen kontemplativen Umgang (mit Bildern und Texten) vorbereiteten und nunmehr endgültigen Annahme dieses Verhaltensmusters für Weiblichkeit.[23] Mit welcher Bedeutung allerdings Teresa dieses Identifikationsmuster durch seine Übertragung auf ihren eigenen Lebensplan ausstattet, läßt sich am besten durch einen vergleichenden Ausblick auf dessen Präsenz im zeitgenössischen Kollektivbewußtsein ermessen.

Die Kunst der Renaissance zeigt Maria Magdalena als eine mit sinnlicher Schönheit reichlich ausgestattete junge Frau, die – vornehmlich innerhalb der Kreuzigungsszene sowie bei der Grablegung – mit ihrer üppigen Haartracht die Füße Christi trocknet, die sie zuvor gesalbt und mit ihren Tränenströmen »gewaschen« hat (vgl. Abb. 3). Der ikonographische Typus dieser Magdalena verdankt sich offensichtlich der Synkretion verschiedener Frauengestalten des Evangeliums[24]: der namenlosen Prostituierten im Hause des Pharisäers Simon (Lukas 7, 36–50); einer Maria Magdalena im Gefolge Jesu, aus der dieser sieben Teufel ausgetrieben hatte (Lukas 8, 1–12); der Schwester des Lazarus, Maria aus Bethanien, die Jesu' Füße salbt (Johannes 11, 1–44); der beim Leiden, Sterben und bei der Grablegung Jesu anwesenden Frauen, usw. (vgl. Abb.). Nicht anders die Literatur, über deren typologisches Spektrum wohl am besten eine 1521 im Auftrage der Königin Isabella verfaßte Magdalena-»Biographie« Auskunft erteilt.[25] In der mittelalterlichen Legendentradition, so in der auch für die spanische Mystik sehr bedeutsamen *Legenda aurea* des Jacobus de Voragine, vermischt sich dieser Typus außerdem mit dem spätantiken einer ägyptischen Asketin und Ekstatikerin Maria. Im Bekehrungserlebnis dieser Maria Magdalena koinzidieren zwei gegenläufige Existenzformen: das bisherige, an die »Sünde«, die illusionären irdischen Leidenschaften vergeudete Leben, und das »neue«, in der verschwenderischen Hingabe an das einzige und universale Liebesobjekt, den »idealen« Geliebten, Christus, aufgehobene. In dieser dualistischen Funktion bildet es eine adäquate christliche Entsprechung zu dem Renaissance-Konzept der irdischen und himmlischen Liebe.

Besser als es das Vorbild der unbefleckt empfangenen, von der Sünde seit ihren Anfängen verschonten Jungfrau Maria je vermöchte, eignet sich dieses ambivalente, zweiphasige Konzept als realitätsgerechtes Interpretations- und Beschreibungsmodell zur ästhetischen und strukturalen Erfassung der gesamten Lebensentwicklung einer Frau. Der um Deutung und Versprachlichung ihrer eigenen diffusen Vergangenheit bemühten Schriftstellerin gereicht das Exempel von der »doppelten Vita« der Sünderin und Geliebten Christi zum willkommenen Klassifikationsschema, das im ideellen Augenblick der Konversion ihre bisherige Existenz in zwei ungleiche Teile aufgliedert: in das »alte« Leben des ziellosen Umherirrens auf der Suche nach der absoluten Liebeserfüllung und in das »neue« Leben der beruhigenden und triumphalen Erkenntnis, das einzig lohnende Liebesideal gefunden zu haben. So bezeichnet das identifikatorische Bekehrungserlebnis in der symbolischen Chronologie des Lebensberichts zugleich den Beginn der Befreiung zur *Vita nuova* – wie dieser folglich in Analogie zu Dantes Heils- und Liebestheorie heißen könnte – was Teresa selbst nach ausführlicher Darlegung der meditativen Vorbereitungen auf die Initiation in das göttliche Liebesmysterium, als sie den Faden der autobiographischen Erzählung wieder anknüpft, ausdrücklich feststellt: »Von hier ab hebt ein weiteres neues Buch an ... Gepriesen sei der Herr, der mich von mir befreite!« (Kap. 23.1). Es wäre müßig, durch positivistisches Stöbern in der Biographie Teresas herausfinden zu wollen, worin denn »konkret« die von ihr immer wieder beklagte Sünde ihrer Jugend bestanden habe, ob damit sexuelle »Abweichungen« oder mondäne Eitelkeit, Vernachlässigung der religiösen Pflichten oder sonst etwas gemeint sein könnte. Aufschlußreich und bedeutsam ist allein ihre Einschreibung in das Identifikationsmodell Maria Magdalena, und in diesem ist das »alte« Leben als Territorium der unbefriedigenden Alternativen, des um sich selbst kreisenden, sinn- und richtungslosen Leidens und Begehrens auszumachen.

Der Aktionsraum der poetisch erinnerten Umkehr zu jenem »neuen« Leben umfaßt indes noch ein drittes Stadium, aber dieses ist im Unterschied zu den beiden vorausgegangenen nicht durch eine bildliche, sondern eine eminente literarische Vorgabe determiniert: die *Confessiones* (»Lebensbeichte«, im Jahre 400 aufgezeichnet) des heiligen Augustinus. Teresa beschreibt, wie die Lektüre dieses großartigsten und tiefenpsychologisch revolutionierenden Dokuments der christlichen Bekenntnisliteratur sie dazu angeregt habe, sich in das von Passionen aufgewühlte Subjekt dieser Autobiographie hineinzuversetzen und sich im Nachvollzug seines berühmten Bekehrungserlebnisses selbst in Liebeshingabe an den von Todesängsten gepeinigten Christus der Ölberg-Gartenszene zu verschwenden. Doch obwohl man annehmen könnte, daß die – ebenfalls durch eine reiche Meditationsliteratur verbreiteten – *Confessiones* des Kirchenvaters zum unmittelbaren Textmodell der Lebensbeichte Teresas prädestiniert seien[26], gewinnen diese für die Schreibende keineswegs jene maßgebliche Bedeutung als poetisches Produktionsmodell, die das weibliche des Maria-Magdalena-Konzeptes für sie erhält. Das Vorbild der schönen und leidenschaftlichen »Frau mit Vergangenheit« bietet sich in der Tat aufs vortrefflichste dazu an, eine entschlossene Wende zu einem souveränen, triumphalen Leben der grenzenlos begehrenden und rückhaltlos sich verschwendenden Liebe zu legitimieren, die das Leiden zwar nicht leugnet, aber an seinen (domestizierten) Platz innerhalb einer sinnvollen Lebensstruktur verweist. Dies mag paradox erscheinen angesichts der Tränen, die Maria Magdalena in ihrer langen Tradition als rhetorisches und künstlerisches Konzept vergießt. Männliche Perversion mag in dieser weinenden Schönen ihr Idealbild von einer nur unter Qualen liebenden/geliebten und im Schmerz zum höchsten Glück gelangenden Frau ausgemacht haben (man gehe einmal der Wirkung der tränenreichen, puppigen Madonnenbilder der Fiestas in Sevilla, Córdoba usw. nach!)[27]: die Imitatio Teresas weist dieser Verknüpfung von Liebe und Tränen eine andere, die umgekehrte Bedeutung zu. Es sind die Tränen der Reue über die eigene vertane Zeit, aber mehr noch die Tränen der identifikatorischen Liebesversenkung in den zu Tode gequälten Geliebten, die es ihr gestatten, das eigene Leiden zu akzeptieren und in ein souveränes Lebenskonzept zu integrieren, das ihrer Ichfindung einen hymnischen Ausdruck verleiht.

Die Kunst der Spätrenaissance und des Barock wird wenige Jahrzehnte später ihrerseits den für Teresa spezifischen Umgang mit dem Textmodell der autoritativen Buchvorlage in ihre Inszenierung der Maria Magdalena hineinholen, indem sie die büßende Ekstatikerin, ähnlich der Jungfrau Maria in der Verkündigungsszene, mit einem vor sich aufgeschlagenen Buch als unmittelbarer Inspirations- und Meditationsquelle darstellt (vgl. Abb. 5). Teresa jedoch schreibt ihr Leben nicht so sehr dem Buch, der Repräsentanz der männlichen Autorität, als vielmehr dem ikonisch vorgeprägten, lebendigen Produktionsmodell für die Niederschrift einer weiblichen Vita, dem poetischen Textkörper Maria Magdalena selbst, ein (vgl. Abb. 6). Sie ist die erste Frau in Spanien, die es wagt, sich dieses Darstellungsmodells für Weiblichkeit zu bemächtigen und sich darüber als Subjekt ihres eigenen Lebens(buches) zu konstituieren.[28]

Renaissance – Architektur der Schrift.

Subversiv ist ein solches Unterfangen nicht allein auf Grund seiner Provozierung des besonders ausgeprägten zeitgenössischen Frauenhasses. Implizites Ziel dieses Lebensberichts ist es nämlich, ein Glücksmodell entgrenzter Liebeserfahrung zu propagieren, welches in der Entrückung des weiblichen Subjekts von den Fundamenten seiner gesellschaftlichen *conditio,* der Ekstasis (spanisch auch *arrobamiento* – »Hinweggerissensein«), gipfelt und trotzdem zu einer gestärkten sozialen Identität desselben zurückführt: in doppelter Hinsicht ein Affront der etablierten Ordnung.

Was eine solche Wortergreifung im Spanien der inquisitorischen Kulturfeindlichkeit bedeuten mag, läßt sich vergleichsweise an einer ebenfalls um die Jahrhundertwende aufkommenden, neuen literarischen Form, der fiktiven Autobiographie des *Pícaro,* ermessen. Der Verfasser des kleinen, um 1550 erschienenen Romans *La vida de Lazarillo de Tormes* wahrt nicht ohne Grund die Anonymität, beansprucht doch sein fiktionales Subjekt Lazarillo, eine »ehrenlose« gesellschaftliche Unperson, weil hervorgegangen aus dem zutiefst suspekten Landarbeiter- und Kupplerinnen-/»Hexen«-Milieu der Morisken und verwandter Randgruppen, sein Vagabundendasein als »Diener vieler Herren« zu einem exemplarischen Lebenslauf zu erheben.[29]

Ein halbes Jahrhundert später wird sich explizit am Beipiel des *Lazarillo*-Nachfolgers *Guzmán de Alfarache* und seines Autors Mateo Alemán (1599) zeigen, welche Kategorie der spanischen Gesellschaft mit dem sprachgewandten, listigen Taugenichts, der sich reumütig von seiner »Sünde« freizuschreiben sucht, eigentlich auch gemeint ist. Unter dem *Pícaro* als seinem literarischen *alter ego* versteckt sich der ebenfalls qua Geburt jederzeit suspekte Nachfahre der *conversos*, der Autor als Repräsentant und Sprachorgan der alten humanistischen, intellektuellen Elite. Ihm gereicht das eigentlich (durch Herrschaftsverfügung) sprach- und identitätslose Unterschichtenwesen Pícaro zur identifikatorischen Projektionsstätte seiner eigenen »Sprachlosigkeit« im ideologischen Apparat des Ständestaates; deshalb stattet er es mit einer raffinierten, doppelzüngigen Sprache aus, die seine eigene erzwungene kulturelle Unmündigkeit rächend zu einem kunstvollen, ironischen Gestus der Überlegenheit über die Borniertheit der Orthodoxie umkehrt.[30] Die Analogien zwischen dem anonymen *Lebensbericht des Lazarillo von Tormes* und Teresas *Lebensbuch* sind frappierend, hier wie dort verschafft sich durch die »Heroisierung« des sündigen Individuums und eine zutiefst ironische Sprache ein erbitterter Haß auf die durch die zeitgenössischen Rassengesetze – die berüchtigten Statuten der »Blutsreinheit« *(limpieza de sangre)* –, durch Ständeprivilegien und Statussucht getragene »Ehre«, Luft. Dennoch ist Teresas

Werk ungleich radikaler und mutiger als die *Pícaro*-Literatur: hier gelingt es einer realen Frau – nicht etwa nur einer fiktionalen Person –, durch Einschreibung in das (durch eine lange Exegesetradition sanktionierte) christliche »Konvertitenmodell« Maria Magdalena, ihre eigene historische Bedingtheit als Angehörige der *conversos* zu überwinden und über diesen Identifikationsakt zur Mächtigkeit eines weiblichen Subjekts zu gelangen: eine listige Tat, die ungleich subversiver als jede literarische Projektion in die Wirklichkeit eingreift.

Die Überlieferungsgeschichte ihres Manuskripts vermittelt einen annähernden Eindruck von dem Provokationswert dieses Unternehmens. Noch 1577 warnt die Sevillaner Inquisition ihr Madrider Tribunal vor der neuen, trickreichen Doktrin dieses Buches, deren »abergläubische« Irrungen »denen der Illuminaten *(alumbrados)* aus Andalusien gleichen«. Und obwohl der Großinquisitor Quiroga es zu Anfang des Jahres 1578 vom Verdacht der Häresie freispricht, wagt Luís de León erst sechs Jahre nach dem Tod der Verfasserin, das allein zwölf Jahre lang von der Inquisition zurückgehaltene Manuskript zu veröffentlichen.

Ebenso deutlich tritt die machtvolle Originalität dieses Werkes im »internationalen« Maßstab der zeitgenössischen literarischen »Avantgarden« (die man heute gemeinhin nur in der »Moderne« konstatieren zu können glaubt) zutage. Die ästhetische Organisation dieses *Lebensbuches,* in der seismographische, ungeschminkte Aufzeichnungen der verborgenen Triebkräfte, Träume und physiologischen Vorgänge des Ichs ebenso aufgehoben sind wie reflexive und narrative Darstellungsformen, bestimmen jenes zum ersten großartigen Exempel eines poetischen Genres der Moderne, das die Literaturgeschichte gemeinhin in dem autobiographischen Entdeckungswerk des Humanisten Michel de Montaigne begründet sieht: des Essays. Die Differenz der Autobiographie Teresas zu den späteren *Essais* (1580) des Franzosen machen indes die innovatorischen Qualitäten der ersteren noch deutlicher als ihre Analogien. Da Teresa sich nicht primär an den Versprachlichungsmustern der (männlichen) Gelehrsamkeit (einschließlich der freilich gründlichst von ihr uminterpretierten augustinischen *Confessiones)* orientiert, sondern das Kontemplations- und Kunstkonzept Maria Magdalena der männlichen Verfügungsgewalt entreißt und zu einem Lebens- und Produktionsmodell weiblicher Subjektivität verselbständigt, dürfte ihre literarische Gründungsleistung noch höher zu bewerten sein als die Entwicklung eines (natur-)wissenschaftlichen, autobiographischen Diskurses durch Montaigne.

Messen sollte man Teresas *Lebensbuch* auch an den nahezu gleichzeitig in den florierenden italienischen Stadtrepubliken entstehenden Künstler- und Wissenschaftler-Autobiographien eines Cardano, Ghiberti und Cellini, zumal an der turbulenten *Vita* des letzteren (verfaßt 1558–66). Ebenfalls von der Warte seines fünften Lebensjahrzehnts aus restrukturiert dieser Florentiner Künstler seinen abenteuerlichen Weg[31] von der Kindheit bis zur Verdichtung seiner Lebenserfahrung im genialischen Kunstwerk: die Versuchungen und Gefahren, die die Entbindung des Künstlers aus der Protektion paternalistischen Mäzenatentums, seine »Befreiung« zum Lohnarbeiter mit sich bringt, seine »Heroisierung« auf der Bühne geschichtlicher Katastrophen *(Sacco di Roma)*, schließlich seine Vollendung in der Lebenschiffre des Kunstwerks (Guß des *Perseus* usw.). Diesem Manifest des *uomo universale* der Renaissance – dessen erst 1728 wieder aufgefundene Fassung Goethe nicht von ungefähr durch seine Übersetzung und einen ebenso einfühlsamen *Anhang* (1795/96) würdigt – korrespondiert Teresas Vita als ein ebenbürtiges, wenngleich angenehmerweise weniger prahlerisches, dafür umso aufrichtigeres Dokument der Heroisierung des weiblichen Ichs. Auch in dieser Hinsicht also ist Teresas Chronik der Entdeckung und Konstituierung souveräner Weiblichkeit eine subversive, in die Moderne weisende Gründungsleistung.

Dieselbe poetische Originalität, eine ebenso mitreißend sinnliche, bilderreiche Sprache kennzeichnet auch die weiteren Werke Teresas. Dies gilt selbst für das umfassende Opus der *Gründungsberichte* und ihrer *Korrespondenz*, in welchem sich die brillanten Organisationsstrategien, das Verhandlungsgeschick, der Witz und die Abenteuerlust einer rastlos tätigen Frau, zu literarischen Dokumenten von ungewöhnlichem Variationsreichtum verdichtet, widerspiegeln. Der im Jahre 1573 von ihr firmierte Lehrtraktat *Weg zur Vollkommenheit* (der als erster ihrer Werke 1583 in Evora veröffentlicht wird) schreibt sich zwar formal dem traditionellen topographischen Darstellungsschema der (als aufsteigende Wegstrecke gefaßten) Nachfolge Christi ein, vermutlich auch dem der mittelalterlichen Pilgerreise nach Santiago de Compostela, dem Nationalheiligtum des Spaniens der (Sankt-Jakobs- und anderer) Militärorden. Seine Stationen jedoch umfassen spezifisch weibliche Meditations- und Lebenspraktiken, die entlang den Artikeln des Vaterunser-Gebetes eine Stufenleiter zur *unio mystica* bilden.

Desgleichen versteckt sich unter dem ritterlich-militärisch anmutenden Titel *Die innerliche Burg (El castillo interior)* des auch *Die Gemächer (Las moradas)* genannten Werkes von 1577 ein Meisterwerk schöpferischer weiblicher Gestaltungskunst. Zwar verweist noch das symbolische Monument einer Festung auf den »männlichen« Legitimationsrahmen der ganzen Schrift, den aktuellen Kampf gegen die Angriffe des Protestantismus und ähnlicher »Machwerke des Bösen«. In ihrem Innern jedoch birgt diese Festungsstadt sieben vielgliedrige architektonische Komplexe, die sich zu Labyrinthen zunehmend prächtiger Gartenlandschaften entfalten, die paradoxerweise an die Gartenkultur anderer exemplarischer »Heiden«, der Mauren, an die lieblichen Innenhöfe ihrer Paläste und Moscheen, erinnern.[32] Diese orientalischen Lustörter bilden eine geradezu paradiesische Hintergrundlandschaft für die (oftmals der griechisch-römischen Mythologie entlehnten) Metamorphosen der Anima, der nach Liebesvereinigung mit dem himmlischen Bräutigam Strebenden. Und das kristallene Bauwerk selbst erscheint wie eine grandiose Materialisierung der phantastischen Utopie-Konstrukte, die der literarische Lieblingsheld der Frauen im 16. Jahrhundert (der jungen

Teresa insbesondere), der ritterliche Idealsucher Amadîs, in seiner Imagination zu errichten pflegt.[33] So betrachtet, dürfte es Teresa in ihrem *Castillo interior* gelungen sein, ein weibliches Äquivalent zur großartigsten utopischen Gesellschaftsarchitektur des christlichen Okzidents, der *Civitas Dei* des Augustinus, eine paradiesische Neugründung des himmlischen Jerusalems[34], zu verwirklichen.

Ein skandalöser Prätext: das biblische Hohelied.

Die subversive Schönheit der umfangreicheren Werke Teresas finden sich, aufs äußerste verdichtet, in der kleineren (um 1566 entstandenen und 1574 zu einer Zweitfassung umgestalteten) Schrift *Conceptos del Amor de Dios* wieder[35], welche sich daher vorzüglich zu einer detaillierten Einführung in die ästhetischen Labyrinthe des literarischen Gesamtwerks eignet. Ihr thematischer Vorwand führt diese *Bedencken von der Liebe Gottes* (wie der deutsche Erstübersetzer die Sinnfiguren dieser Exegese nennt) unverzüglich in das Zentrum aller übrigen Werke, die dort durch ausführliche Exkurse zur Meditationspraxis vorbereitete mystische Liebeshochzeit selbst, da sie einen kontemplativ-lebensgeschichtlichen Nachvollzug des schönsten und leidenschaftlichsten Liebeshymnus der jüdisch-christlichen Tradition, des alttestamentarischen *Hohenliedes,* poetisch aufzeichnen.

Welches Wagnis es für eine Frau zur Zeit Philipps II. bedeutet, ihr eigenes ekstatisches Erleben diesem Liebesdiskurs einzuschreiben, wird durch die Notwendigkeit der Verfasserin, auch diesmal im (dem deutschen Übersetzer unbekannten) Vorwort für ihre »weibliche Ignoranz« um Entschuldigung zu bitten und sich durch Unterwerfung unter die männliche Gelehrtenautorität ihrer Beichtväter zu legitimieren, nur vage angedeutet. Wenn es ein poetisches Textkorpus gibt, dessen Verbreitung und individuelle Auslegung die inquisitorische Orthodoxie mit allen Mitteln zu verhindern sucht, dann ist dies zweifellos das (traditionell fälschlicherweise dem König Salomon zugeschriebene) *Sir Hassirim*, das *Canticum canticorum* der Vulgata, das erst relativ spät, auf der rabbinischen Synode von Iabne im 1. Jahrhundert n. Chr., in den Kanon der biblischen Texte aufgenommen wurde. Gewöhnlich wurde die szenische Dramatik dieses poetischen Konglomerats[36] – dessen Entstehungszeit noch die Hebraistik des 19. Jahrhunderts (z. B. Ernest Renan) in der Zeit der Könige, also um das 10. Jahrhundert v. Chr., die heutige Forschung jedoch nicht vor dem 4. Jahrhundert vermutet – auf den Liebesdialog zwischen einem der fernen Wüste entstammenden Hirtenmädchen von dunkler Hautfarbe, der Sulamith(in), und dem König Salomon eingegrenzt, der zu seiner Hochzeitswerbung sämtliche Verlockungen eines orientalischen Potentaten aufbietet. Die christliche Exegese hat spätestens seit dem Kirchenvater Origenes im 3. Jahrhundert ein dichtes Allegorese-Netz über die sinnliche Pracht dieses Liebeshymnus geworfen[37] und seine poetische Polyvalenz auf den Hochzeitsgesang der Kirche *(Ecclesia)* und ihres himmlischen Bräutigams Christus verengt. Im mittelalterlichen Marienkult eines Bernard von Clairvaux geht der Part der *Ecclesia* auf weitere Virginitätsfigurationen wie die Jungfrau Maria, die »Seele«, »Weisheit« usw. über, welche sich als mystische Identifikationsangebote an die jungfräulich Liebenden in den Klöstern richten. Dieser Rezeptionspraxis entstammt auch Teresas Vertrautheit mit dem *Hohenlied*, wie aus einem Hinweis im 6. Kapitel ihrer *Bedencken* hervorgeht: »Das könnet jhr / meine Töchter / abnehmen auß dem *Officio* welches wir alle wochen / unser lieben frawen zu ehren betten / wie viel auß dem hohen-lied in den *Antiphonis* und *Lectionen* gemeldet wird.« Der gegenreformatorischen Dogmatik ist jedoch eine solche »unkontrollierbare« marianische Liebesmeditation in höchstem Maße suspekt, da sich über sie erneut die orientalische Sinnlichkeit der alttestamentarischen Poiesis in ihre abstrakten Allegoriengebäude einschleicht.[38] Im Jahre 1561 bringt Fray Luís de León, der große mystische Dichter und Vertraute Teresas, den Mut auf, eine Übersetzung des *Hohenliedes* vorzulegen, die sich nicht der aus der Vulgata abgeleiteten, offiziellen Deutungsrichtung anschließt, sondern im Rekurs auf die hebräische Urschrift dem poetischen Kunstwerk seine ursprüngliche Ausdrucksfülle in der Volkssprache Kastilisch zurückzuerstatten bemüht ist. Diese offene Auflehnung gegen die Erlasse des Tridentiner Konzils hat nicht nur das unmittelbare Verbot des Übersetzungswerkes durch den Großinquisitor Valdés zur Folge, sondern trägt auch maßgeblich zu Luís' späterer vierjähriger Inhaftierung durch die Inquisition (1572–Ende 1576) sowie zu der rassistischen Verdächtigung bei, »daß die versteckte Ursache dieses Verhaltens in seinen blutmäßig ererbten rückfälligen Neigungen zum Judentum zu suchen sei«.[39]

Wenn wenige Jahre nach dieser antidogmatischen Übersetzungsleistung eine »ungebildete« Frau, und dazu noch eine Nachfahrin von *conversos,* die Leitverse des *Hohenliedes* zum Anlaß einer eigenen, mystischen Liebespraxis nimmt, dann setzt sie sich gewiß trotz ihrer ausdrücklichen Autorisierung durch ihren Beichtvater einem noch größeren Risiko aus als ihr Dichterfreund.

Ihr provokatorischer Impetus tritt bereits im Vorwort durch das Geständnis zutage, daß trotz ihres Unverständnisses des lateinischen Wortsinnes schon ein paar Verse der *Cantares* Salomons sie emotional mehr ergreifen als alle vertrauten Bücher in der Volkssprache. Dies liest sich auf dem geschilderten Hintergrund wie ein feministischer Affront der autoritätsheischenden männlichen Zensurinstanzen, zumal sie jene intuitiven Einsichten auf eine direkte Gnadeneinwirkung Gottes zurückführt, die ihr seit inzwischen mehreren Jahren zuteil werde, und damit dem exegetischen Fachwissen für überlegen erklärt. Das ungeheuerlichste Wagnis liegt allerdings in der Paradoxie des Assimilationsvorganges selbst, mit deren Darlegung die Schreiberin ihr 1. Kapitel eröffnet: in der offen zugegebenen, radikalen Verlegenheit, wie der vorgegebene hymnische Textkörper des *Hohenliedes* von dem weiblichen Subjekt angeeignet, wie er gewissermaßen verzehrt werden soll, und andererseits in der verblüffenden Souveränität, mit der dieses Subjekt aus derselben Aporie der poetischen Dunkelheit eine triumphale Methode des Textverständnisses ableitet und diese gegenüber sämtlichen anderen, »männlichen« Interpretationsverfahren privilegiert. Die altbiblische Textmaterie ist bekanntlich, so erinnert Teresa unter Hinweis auf die Psalmen Davids, eine zutiefst kryptische, vor deren rätselhafter Vieldeutigkeit – ». . . *dieweil diese wort / Kuß / und Mund / viellerley bedeutungen haben* . . .« – nicht nur weiblicher Unverstand, sondern ebenso, wie es sich in zahlreichen einander widersprechenden Glossen zeigt, die Kunst der »männlichen« Textwissenschaft versagt. Ihr aber wächst gerade aus dieser Dunkelheit »grosse Freude und Wollust« zu, in Erwartung der »mühelos« gewährten, unermeßlichen Liebes-, d. h. Erkenntnisgaben »Seiner Majestät«. Damit betreibt sie keine geringere Provokation als die kategorische Umkehrung der die gesellschaftlichen Autoritätsverhältnisse spiegelnden Hierarchie der kognitiven Prozesse. Die zahllosen Parenthesen *me parece* (»so scheint mir«), die den Stil auch dieses Werkes wie ein kontinuierliches Eingeständnis weiblicher Unsicherheit durchziehen, erweisen sich schon hier im Gegenteil als Ausdruck (hinter-)listiger, kontrafaktischer Anpassung an die von jeder Frau erwartete diskursive Rolle der Ignorantin: ironisch artikulieren sie die Überlegenheit der Schreibenden über die männliche Gelehrsamkeit. Ohne Umschweife entwickelt Teresa ein erstes Beispiel für die Praxis, die Voraussetzungen und die phänomenologischen Abläufe dieses durch Liebe privilegierten, weiblichen Textverständnisses.

Sprachmagie.

Die ersten von ihr aufgegriffenen Verse des Prätextes – *»Er küsse mich mit dem kuß seines munds / Dann deine brüste seynd besser als wein, etc.«* – stürzen die nach Eindeutigkeit Suchende in tiefe Ratlosigkeit. Eine kohärente Dialogstruktur scheint ihr hier nicht gegeben, aber gerade diese Dunkelheit ergreift sie als Chance eines gewissermaßen dramaturgischen Neuanfangs von Interpretation. Sie hält die Verse für Aussagen ein und derselben Person, der »Braut«, die sich indes an verschiedene Adressaten wende, wobei sich zunächst ihr Begehren an einen abwesenden Dritten, dann ein Preislied an einen anderen Anwesenden richte. Damit aber trifft sie eine interpretatorische Entscheidung, die aus dem biblischen Prätext keineswegs fraglos abgeleitet werden kann: der (die) Dichter hat (haben) dem *Hohenlied* nämlich keinerlei »dramaturgische« Hinweise beigefügt, welche und wieviele Personen wann, wie lange und in welchen Konstellationen die Sprecher/Akteure dieser leidenschaftlichen Liebessprache sind, wo folglich die personalen und pragmatischen Grenzen innerhalb des vorgegebenen poetischen Territoriums verlaufen. Teresas Arbeit an dem solchermaßen disponiblen Prätext ist indes selbst durch den Wunsch nach Entgrenzung geprägt: das weibliche Subjekt okkupiert identifikatorisch sämtliche personalen Räume des *Hohenliedes,* die ihm als Komponenten der vermeintlichen »Braut« in Frage zu kommen scheinen; es ergreift selbst die höchstmögliche Zahl an Identifikationsangeboten des offenen Prätextes und schreibt alle übrigen, die sich für einen Augenblick diesem Deutungsmuster zu entziehen scheinen, ein und demselben Anderen, dem »Bräutigam« Christus, zu. Damit aber macht Teresa sich potentiell sämtliche sinnlich-erotischen Qualitäten, die über die – durch die Personenbezeichnungen Sulamith, Salomon usw. nur sehr fragil eingegrenzten – Liebeskörper des *Hohenliedes* verteilt (besser: verstreut) sind, als Metamorphosestadien bald des Einen, bald des Anderen verfügbar: in der Tat schöpft sie beliebig – die vorgezeichneten Grenzen durchbrechend – die paradoxalen Liebes-Sinnfiguren des gesamten poetischen Prätextes zur erotisch-symbolischen Ausstattung bald ihres Gegenübers, bald ihrer eigenen Person aus. Als unmittelbare Prätext-Materie hat also das vollständige *Hohelied*, und nicht nur die Auswahl der von ihr als Motti zitierten Anfangsverse, zu gelten. Nicht von ungefähr weiß sich das Subjekt folglich auf keinem sicheren Terrain, es erahnt ja die unablässigen Metamorphosen aller Konturen der von ihm zu vereinnahmenden poetischen Materie.

Die einzige Methode, diese Aporien zu überwinden und sich des vorgegebenen Textsinnes zu versichern, ist das manische Insistieren, die fetischistische Beschwörung der jeweiligen Wortvorgabe: »Ich bekenne zwar daß diese wort viellerley verstand haben; ein seel aber die in der lieb also brennend ist / daß sie darüber gleichsam aberwitzig wird / wil keinen auß denselben annehmen / sondern *diese wort bloß sagen* / weil ihr der Herr solches nicht verbietet«. Die magische Wiederholung gilt ihr deswegen als verläßlichster Weg zur Aneignung des rational nicht Erfaßbaren, weil ihr Gelingen durch jene ekstatische Liebe bedingt ist, die allein dazu befähigt, den Gegenstand des »dunklen« Textes, die subsoziale, entgrenzte Liebesmaterie, ans Licht der Erkenntnis zu holen. Anders gewendet, beruht diese Methode auf der Annahme, daß erst das grenzenlos liebende, außer sich selbst entrückte Subjekt der furcht- und gefahrlosen Mimesis des geheimnisvollen Liebesdiskurses fähig ist: »*So würden nun diese wort dem buchstaben nach in der wahrheit eine forcht einjagen / wann derjenige der sie außspricht / bey jhme selber were;* den andern aber nicht / welche unser Liebster und Herr / ausser sich selber verzucket hat«.

Nichts wäre verfehlter, als, einem alten Vorurteil folgend, diese Liebes- gleich Erkenntnispraxis für eine Manifestation eruptiver Emotionen und Spontaneität zu halten, die am Gegenpol »männlichen«, rationalistischen Strukturierungswillens angesiedelt wäre, folglich unmittelbare »Natur« im Gegensatz zu disziplinierter Logik zum Ausdruck brächte. Mit einem solchen Trivialschema von »Weiblichkeit« ist der Erkenntnismethode Teresas nicht beizukommen. Der Prozeß ihrer durch Liebe privilegierten Wahrnehmung, den sie im folgenden im Rekurs auf eine komplexe, aber äußerst kohärente Rhetorik versinn(bild)licht, wird außerdem durch eine stringente argumentative Strategie eingeleitet.

Schon im 1. Kapitel begegnet sie dem geringeren Gebrauch, den die zeitgenössischen Frauen ihrer Meinung nach von dem »Liebesangebot« des göttlichen Bräutigams machen, mit der Aufforderung an ihresgleichen, endlich eine regelmäßige Übungs- und Meditationspraxis aufzunehmen, mit deren Hilfe allein sie sich die Bedingungen unermeßlichen Liebesglücks verschaffen könnten. Damit postuliert sie nichts anderes als ein weibliches Äquivalent zu jenem quasi-militärischen Reformprogramm, das der von ihr bewunderte Gründer des Jesuitenordens, Ignatius von Loyola, 1548 in seinen *Geistlichen Exerzitien* kodifizierte: hier wie dort gilt es, fremde Territorien (topographischer und imaginativer Natur) dank psychosomatischer Disziplin sich zu erobern, wenngleich Teresa andererseits nicht müde wird, den Gnaden-, das heißt: Geschenkcharakter des äußersten Liebeserlebens zu betonen.[40] Um ihren Adressatinnen das notwendige Unterscheidungsvermögen einzuüben und ihnen Wege zum eigenen ekstatischen Nachvollzug der geheimnisvollen Wortvorgaben aufzuzeigen, verwendet sie das (uns heute ein wenig langatmig anmutende) zweite und das dritte Kapitel ihrer *Bedencken* auf eine exempelreiche Darlegung der 9 falschen Glücks- und Friedenszustände der »Seele«, des weiblichen Selbst: jener, die wie Reichtümer, weltliche Ehren, hedonistische Trägheit, illusorische und vorübergehende Befriedigungen darstellen im Unterschied zu dem dauerhaften Liebesglück der mystischen Hochzeit. Dabei läßt die mit hohen Idealen sozialisierte *hija de conversos* (»Tochter von Konvertiten«) ihrer Verachtung für die materialistische und rassistische Ideologie ihrer Zeit freien Lauf und empfiehlt ihr eigenes kleines Buch den in Armut lebenden Mitschwestern als vollwertigen Ersatz für alle teuren Werke der Gelehrten.

Ein Orient der Sinne: Topographie der Ruhe.

Es mag paradox anmuten, daß das Gegenstück zu jenen illusionären Glücksmomenten, der Verlauf des vom 4. Kapitel an beschriebenen *»gebetts der ruhsambkeit«* (= Ruhe), durch eine Dramaturgie der Leidenschaften gekennzeichnet ist, die sich über alle althergebrachten gesellschaftlichen Verhaltensmuster und Tabus hinwegsetzt. Die Gründe für diesen Scheinwiderspruch treten jedoch bald zu Tage. In Opposition zu den trügerischen Friedensangeboten der Gesellschaft vollzieht sich im *gebett der ruhsambkeit* als Stätte äußerster Liebesversenkung in den Anderen die radikalste Erschütterung der historischen Normvorstellungen von Subjekt und Objekt als den Aktanten im Liebesprozeß, folglich eine denkbar subversive Infragestellung der stereotypen, durch moralische Konventionen und Herrschaftsinteressen festgelegten Formen von Liebe.[41] Dieser Topos der Ruhe ist das poetische Territorium, auf dem genuin die Aneignung und Entfaltung sämtlicher Liebesqualitäten des Text-Körpers *Hohelied,* die Aufhebung aller über jenen verstreuten antithetischen Figuren, stattfindet. Mehr noch: er ist die adäquateste Metapher für die Liebende / Schreibende selbst als produktiven Ursprungskörper dieser paradoxalen Sinnfiguren der Liebe, zu welchem die hymnischen Apostrophen »Salomons« die Sulamithin in jener Ruhe-Metapher bestimmen: »Gantz schöne / meine Lust / bist du // Du bist gantz schöne / *meine Rhue* ...«; »... Schwester / *meine Rhue* ...«.[42] Teresa macht sich selbst zu jener produktiven, alle Lust umfassenden Topographie der Ruhe, sie verwandelt sich in jenen Lust-Ort, zu dessen Genüssen die »Sulamith« im 7. Lied des Prätextes ihren Geliebten einlädt: »Komm / Hertze / komm; laß uns zu Felde bleiben // *Im feister Rhue* / Vnd da die Zeit vertreiben.«[43] So unweigerlich die Entrückung (Ekstasis) aus den Grenzen der gesellschaftlichen Existenz eine »skandalöse« Liebespraxis eröffnet, ebenso dialektisch verdankt sich diesem Skandalon die extreme Ruhe des Subjekts deshalb, weil es seine absolute Aufgehobenheit in der metamorphotischen, universalen Liebes-Materie gewährleistet. Vor der Mystik weiß der Epikuräismus von einer solchen Dialektik, wenn er die Erfüllung des Lebens in der *Apatheia* sucht.

Welche ungewöhnlichen Liebeskonstellationen in dieser Dramaturgie vorgesehen sind, veranschaulicht bereits das Zitat des nächsten Verses aus dem *Hohenlied: »Deine brüst seynd besser als wein / wolriechend von köstlicher salben«*. Rhetorisch nimmt hier das poetische Rätsel par excellence Gestalt an, wie es Teresa durch das Eingeständnis der fundamentalen Problematik seiner Versprachlichung kundtut: »Ach meine toechter / wie grosse geheimnussen seynd in diesen worten verborgen!« Die Verwirrung der Exegetin resultiert aus der offensichtlichen, in der hymnischen Rede der »Braut« erfolgenden Ausstattung des Liebeskörpers Christi mit berauschenden weiblichen Brüsten, doch weicht die »naive« Frau diesem Skandalon nicht aus: sie entschärft nicht die *»ubera Dei«* der *Vulgata, »dodékha«*, zur Banalität einer Metapher (etwa: »Deine Liebesgaben«), wie es nahezu sämtliche Nachdichter, selbst Luís de León, tun[44], sondern hält an der vorgegebenen »Geschlechtsinversion« fest und kündigt damit gleich zu Anfang einen »perversen« Verlauf des Liebesgeschehens an. Wo jeder auf Eindeutigkeit ausgerichtete, die gesellschaftlichen Sexualnormen respektierende Diskurs versagen muß, setzt ihre subversive Rede ein: sie maßt sich an, die psychosomatischen und imaginativen Positionen der »Perversion« in ihrem unablässigen Wandel – denn nichts anderes meint die Vieldeutigkeit des poetischen Prätextes – seismographisch zu registrieren. Die norm- und herrschaftswidrigen Verläufe, die die phänomenologische Schrift Teresas da mimetisch wiedergibt, entsprechen mit größerer poetischer Angemessenheit dem Bild von den Divagationen der *libido*, das Jahrhunderte später der psychoanalytische Wissenschaftsdiskurs mit geringerem Erfolg zu umreißen sucht. Was sie abbildet, kündet von tiefem Verständnis der archaischen, jüdisch-christlichen wie paganen Symbolsysteme, denen der Okzident seit jeher seine Entgrenzungserfahrungen anzuvertrauen pflegt.

Zunächst macht sich diese Schrift transparent für überraschende Omnipotenz- und Absolutheitswünsche ihres weiblichen Subjekts, die sie unverblümt (die Formel »so scheint es« dient auch hier eher ironischer Affirmation) für die Produktion eines idealen Anderen, des absoluten Liebesideals »himmlischer Bräutigam«, verantwortlich erklärt. Folglich konstituiert sich dieses als mit Omnipotenz ausgestattetes, spiegelbildliches Objekt jenes allmächtigen weiblichen Subjekts: ». . . also daß es scheinet / *als hab eine solche persohn / Gott den Herrn nach ihrem willen und belieben* . . .«.[45] Doch kaum ist die Geburt dieses allmächtigen »Bräutigams« aus dem voluntaristischen Akt der Begehrenden erfolgt, da nimmt die Autorin ihrem Geschöpf gegenüber die kontrapunktische, passive Rolle eines (geliebten) Objekts ein, indem sie sich (gemäß traditioneller poetischer Metaphorik) zum Gefäß umwidmet, das begierig und genüßlich die grenzenlose Liebesgabe jenes allmächtigen Anderen empfängt: »... als werde der gantze jnnerliche und eusserliche mensch gestärket / gleich *als würde jhm in das marck der seelen eine uberauß liebliche salbe gegossen* / gleich einem köstlichen geruch ...«. Diese Umkehrung der Rolle vom Subjekt zum Objekt seiner zur Subjektfülle emanzipierten Emanation löst eine Serie von analogen Austauschprozessen aus, deren Abfolge indes keineswegs beliebig ist, da sie dem Imperativ der höchstmöglichen Ausschöpfung von Figurationen der Entgrenzungserfahrung gehorcht.

Im orientalischen Artefakt der sinnenberauschenden Salbe, der die Glorifizierung des Körpers im Harem wie im ägyptischen Totenkult evoziert, bemüht Teresa ein vorzügliches Medium, um die Erfahrung der Liebesverschmelzung als eine synästhetische zu schildern[46]: in ihrer eigenen Substanz unbestimmbar vielfältig und ihren Duft in kaum eingrenzbare Räume verströmend, durchdringt die Salbe auch die Körper ganz, nicht lokalisierbar und zugleich überall. Ihr arabischer Gebrauch, von dem auch die Bibel zur Genüge weiß, bestimmt die Salbe zur idealen Materialisierung des jeweils aktiv am Liebesaustausch Beteiligten; nicht von ungefähr weist die Ikonographie gerade der »Ekstatikerin« Maria Magdalena das Salbengefäß als Attribut zu (vgl. Abb. 7). Hier ist sie gleichsam eine Metamorphose des sich verströmenden Liebes-Christus, dem sich die Anima als bereitwillig passives Objekt anbietet. Die Dialektik des Begehrens sieht indes auch für dieses passiv verharrende Wesen einen gleichzeitigen aktiven Part vor, insofern die Anima nur als völlig Reglose den in sie diffus eindringenden Anderen ergreifen, sich seiner bemächtigen kann; sie möchte »... sich gern gar nicht mehr rühren / ja die augen nicht aufheben ...«. Dem Wunsch nach endloser Fortdauer dieses Ruhezustandes der Erfüllung korrespondiert das gleichzeitige Verlangen nach Beseitigung aller räumlichen Grenzen zwischen den einander Begehrenden: »... *daß hinfuehro zwischen beyden nichts abgetheilts / noch absonderliches mehr seyn solle*«.

Ist dieses Ziel erreicht, stößt jedoch die Sprache an die Grenzen ihrer Darstellungsfähigkeit, deren elementarste Voraussetzung ja die Autorität eines Subjekts ist, welche das Wahrgenommene als Objekt behandeln kann; hier hingegen ist jede Demarkationslinie zwischen Subjekt und Objekt nunmehr beseitigt. Zwar bedient sich das erinnernde Subjekt, um den Anderen überhaupt zu bezeichnen, der gängigen zeitgenössischen Sprachregelung zur Kennzeichnung der hierarchischen Männerrolle in der Konstellation Mann-Frau (»meister, der sie lehret«), aber der ekstatischen Erfahrung gemäß ist dieser Andere überhaupt nicht mehr in Raum-Zeit-Kategorien erfaßbar, also auch nicht zu benennen; er ist erst gar nicht wahrnehmbar: »... wiewol *sie den meister / der sie lehret / nicht wol sehen kan*«. Die Nicht-Wahrnehmbarkeit des Anderen, so zeigt sich, ist jedoch das sicherste Anzeichen für seine universalistische, entgrenzte Präsenz. Ebenso wenig wie jener sich im Verschmelzungsprozeß seine Andersartigkeit noch erhält, kann das wahrnehmende Subjekt im Prozeß seiner Verschmelzung mit ihm sich selbst noch definieren, als ein Ich begreifen oder das Objekt seines Begehrens beschreiben; es widerfährt der »Seele«, »daß sie nicht weiß / was sie woll oder was sie begehre. In summa / *sie verweiß sich selbsten nicht . . .*«.

Symbiose entgrenzter Liebeskörper.

Annähernder als durch diese tautologische Formel für den Ichverlust kann Sprache den Grund ihres eigenen Versagens, ihres eigentlich notwendigen Verstummens angesichts der Entgrenzungserfahrung der Ekstase wohl kaum anzeigen. Dennoch nimmt die Schrift hier kein Ende, sondern schreitet vornehmlich in Sinnfiguren voran.

Die Metapher des Deliriums, in welchem die Anima »gleichsamb nicht bey jhr selbsten ist«, dient der Verfasserin nicht nur zur präventiven Abwehr (»Unzurechnungsfähigkeit«) möglicher Versuche der Inquisition, sie für die textliche (Re-)Produktion einer skandalösen Liebespraxis bzw. die Überführung der hymnischen Rede des *Hohenliedes* (»Deine brüst seynd besser als wein«) in eigenes normwidriges Liebeserleben verantwortlich zu machen; sie ist auch ein bildliches Äquivalent für jene philosophische Umschreibung des Ichverlusts – und enthält potentiell ebenso viele Metamorphosen des entrückten Subjekts wie etwa *Das trunkene Schiff* des Dichters Arthur Rimbaud. Auf dem Höhepunkt einer solchen Rausch-Reise, den das schreibende Subjekt als eine überschwengliche Liebesgabe des »allerreicheste(n) Bräutigamb(s)« erinnert, stellt sich die »Lösung« des rätselhaft paradoxen Prätext-Verses in folgender szenischer Konstellation ein: ». . . also gedunckt hie der seelen / daß sie in den Göttlichen armen verzuckt hangen bleibe / und *an die Göttliche seythen / und seine Göttliche brüste gelegt* werde . . .«. Die im *Hohenlied* veranlagte Verweiblichung des männlichen Liebespartners wird hier in eine »Vermütterlichung« Christi übersetzt, welche es dem begehrenden weiblichen Subjekt erlaubt, die komplementäre Rolle eines unbewußt genießenden Säuglings, eines (aus der Perspektive von Erwachsenen angeblich) nicht individuierten Wesens einzunehmen. Damit aber wird die provokative Mehrdeutigkeit des Prätextes, die die ungeheuerliche Perspektive einer Androgynie des Bräutigams zuläßt[47], zugunsten des einzigen Verschmelzungsmodells domestiziert, das nicht die Sexualtabus der okzidentalen, christlichen Gesellschaften verletzt: das »regressive« Liebesmodell der Mutter-Kind-Dyade. Durch die Wahl dieses Beziehungsschemas, der folglich einzig legitimen Stätte der Manifestation »polymorpher Perversität« eines Paares, rettet Teresa das subversive Versprechen des *Hohenliedes* für die Orthodoxie und erfüllt es doch gleichzeitig für sich selbst in einem skandalösen, weil entgrenzten Liebesakt.

Es dürfte auch heute mancher psychologisch

Halbgebildete versucht sein, diese poetische Aktivierung der Mutter-Kind-Symbiose für einen Ausweis der sexuellen »Infantilität« der Nonne Teresa zu halten, so als sei (in Ermangelung »heterosexueller« Erfahrungen) die frühkindliche, orale Vereinnahmung des mütterlichen Liebeskörpers das einzige der Imagination dieser Frau zu Gebote stehende Liebesmodell. Nichts wäre törichter als eine solche Diagnose. Selbst wenn ihr nicht andere, durchaus »heterosexuelle« Liebesvereinigungs-Konzepte entgegenstünden, denen sich Teresa in ihren übrigen Werken einschreibt (vgl. die Amor-Figuration im 29. Kapitel ihrer Autobiographie, der Vorlage zu Berninis berühmter Marmorskulptur in Rom [Abb. 8])[48], so wäre sie in jedem Fall aufgrund ihrer Unterschlagung der engen Beziehungen verfehlt, die Teresas poetische Figurationen an die öffentlichen, also kollektiven Symbolinstanzen der christlichen wie der paganen Tradition binden. Es dürfte nämlich nicht schwerfallen, das Bild von der mütterlichen Funktion Christi auf die Kontraktion zweier maßgeblicher Konzepte der christologischen und marianistischen Hymnendichtung zurückzuführen: ist die Quelle für die Gestalt des heilsspendenden leidenden, stigmatisierten Geliebten – mit der »Göttliche(n) seythen« sind natürlich die Wundmale des Gekreuzigten gemeint[49] – in der Symbolfigur des »eucharistischen« *Corpus Christi* zu suchen, so die der Nährbrüste des Liebeskörpers in der gerade aus der *Hohelied*-Exegese her bekannten »Mutter-Kirche«-Allegorie *(Mater Ecclesia)*.

Trotz dieser Verankerung in der herkömmlichen Mysteriensprache bedeutet die von Teresa referierte

Szene einen eklatanten Bruch mit der Tradition. Die Vision ihrer »Seele« beläßt nämlich jene allegorischen Konzepte nicht in ihrer »geschlechtsspezifischen« Besonderheit als »männliche« und »weibliche« Eigenschaften, sondern verschmilzt sie zu einer polymorphen, »paradoxalen« Liebesmaterie. Doch nicht genug damit. Zwar übernimmt in dieser Symbiose die »Seele«, das fiktionale *alter ego* des schreibenden Subjekts, die rein passive Rolle eines Säuglings, diejenige also, die der patriarchalische Herrschaftsdiskurs der Frau im Liebesakt zuweist; gleich darauf aber verläßt sie auch diese rezeptive Haltung und ergreift selbst den aktiven Part des liebenden Nährkörpers in dem Symbiose-Modell[50], indem sie – in einem reflexiven Kommentar – ihr Glück beim Vollzug desselben als das einer stillenden Mutter umschreibt. So sehr auch diese Rolle durch das beliebte ikonographische Konzept der »Mutter Maria mit dem Jesuskind an ihrer Brust« vorgeprägt sein mag (vgl. Abb. 9), so subversiv ist doch ihre Anwendung hier, da sich Teresa damit zugleich (unausgesprochen natürlich) jenen unzweideutig sinnlichen Gestus aneignet, mit dem die »Sulamith«, so die traditionelle Exegese, ihren sehnsuchtsvoll erwarteten Geliebten zur »Ruhe« des Schäferstündchens einlädt: »Als dann will ich dir reichen meine Brust // Vnd einen Kuß; will alle Feldeslust // Dich lassen sehn / dir alle Früchte geben . . .«.[51] Indem Teresa somit *totaliter* die paradoxalen Identifikationsangebote des vorgegebenen poetischen Liebes-Interaktionsmodells ergreift, unterläuft sie den dogmatischen, gesellschaftlichen Liebesdiskurs aufs bedrohlichste.

Es nimmt, so gesehen, nicht wunder, daß das Erwachen der »Seele« aus diesem Rausch, ihre Rückkehr auf das Fundament ihres geschichtlichen Daseins von Verwirrung oder, wie es das *Buch des Lebens* und die *Innere Burg* ausführen, von fast unerträglichen Schmerzen begleitet wird. Nach einer solchen Totalitätserfahrung bedeutet die Rückkehr in die Sozietät den Zwang zur erneuten Einwilligung in die physiologisch-historische Bedingtheit des Ichs, deren Grenzen soeben triumphal aufgesprengt wurden.[52]

Es würde sich gewiß lohnen, den Auswirkungen der jüdischen Gotteserfahrung, wie sie in der Bibel zu dem Topos vom Versagen der Sprache und des Bildes angesichts der Manifestation des Absoluten (Moses' Erleben der Epiphanie Gottes im Dornbusch, Jakobs Kampf mit dem Engel usw.) geronnen ist – welcher fälschlicherweise meist für ein Tabu gehalten wird, das die patriarchalische Autorität über den Namen Gottes gelegt habe! – auf Teresas poetische Umsetzung der eigenen Entgrenzungserfahrung nachzugehen[53], die das revolutionierende Novum ihrer Schrift ausmacht. Hier ließen sich gewiß tiefgreifende Bewußtseinsmuster der jüdischen Heterodoxie aufspüren, die zum spirituellen (Familien-)Erbe dieser Repräsentantin der Konvertitenkreise gehören dürften. Auffallend unchristlich, eher dem alttestamentarischen *Talion*-Gesetz der adäquaten, unmittelbaren Vergeltung verpflichtet scheint überdies die Ermahnung der »Mutter« Teresa an ihre »Töchter« aus dem Karmeliterorden, sie möchten doch »gedencken / daß er (sc.: Gott) uns die belohnung seiner liebe / nicht nur für das künfftige leben aufbehelt /

noch in diesem leben fängt er uns an zubezahlen.« Diese Erwägung aus der archaischen Diesseits-Ökonomie des Judentums substituiert sich ironischerweise dem zuvor zitierten Hinweis des heiligen Paulus auf die Nichtigkeit der irdischen Leiden angesichts der Aussicht auf die himmlische Glorie. Mit ihr kündigt Teresa zugleich die Fruchtbarmachung ihrer Ekstase für eine konstruktive soziale Praxis an.

Das göttliche Paradox.

In den drei weiteren Kapiteln der *Bedencken* ergreift die Autorin jeweils andere Leitverse des *Canticum canticorum,* um sie mit eigener Lebens- und Liebespraxis auszustatten. Dabei aktiviert sie wiederum auf ungewöhnliche Weise ein breites Spektrum bildlicher – der paganen wie der christlichen Symbolik entstammender – Konzepte zur Darstellung der Lust/Liebe, indem sie diese als Erfahrungsgehalte des eigenen Gedächtnisses in den polyvalenten Textkörper der hymnischen Vorgabe einschreibt. Gleich zu Beginn insistiert sie jubelnd auf den schier unermeßlichen Möglichkeiten einer poetischen Ausschöpfung der vorgegebenen Sinngeheimnisse: »Auff welch viellerley weiß können wir nicht unsern Herrn betrachten? *Wie viellerley speisen können wir nicht auß jhm machen?*« Die poetische Kreation, die sie hiermit in Aussicht stellt, artikuliert sich in einer ihr entsprechend vielfältigen Rhetorik, die hymnische, reflexive, narrative, dramatische und im weitesten Sinne metaphorische Diskursformen als gleichermaßen kompetente Darstellungsebenen aufweist. Ungeachtet ihrer ästhetischen Gleichwertigkeit gliedern sich die aus verschiedenen Perspektiven beleuchteten Metamorphose-Stadien des ergreifenden / ergriffenen Subjekts/Objekts dennoch einem teleologischen Prinzip ein, das sich als lebensgeschichtliche Entwicklung der »Seele« versteht, da es die chronologischen Stufen des (im 4. Kapitel ausgeführten) Säuglingsalters, des Hochzeitsalters der Jugend und schließlich der dem Tode nahen Endphase des Lebens vorsieht. Dieses dreigliedrige, finalitätsorientierte Deutungsschema verleiht der Makrostruktur der *Bedencken* eine ähnliche Dynamik der Aufwärtsbewegung, wie sie auch die übrigen Werke Teresas durchwirkt.

Bezeichnend für den Variationsreichtum ihrer Imaginationsproduktion sind die wechselnden paradoxalen Konstellationen, in die sie das Leitmotiv ihres 5. Kapitels – *»Ich bin gesessen unter dem schatten / deß ich begehret hab / und seine frucht ist meiner kehlen süß«* (Cant. II,3) – überführt und zu Projektionsstätten für das eigene sinnliche Erleben ausstattet. Um die absolute Wirkmächtigkeit des Geliebten der Imagination vorzustellen, versinnbildlicht sie ihn zu antithetischen Figurationen und Funktionen, die die äußersten Pole des Territoriums seiner Präsenz, seine Universalität also, bezeichnen sollen: er ist sowohl die glühende Sonne des Lebens als auch der Baum, der mit seinem schattenspendenden Laubwerk vor dieser Sonne schützt und mit seinen Früchten Linderung des von ihr verursachten Durstes verschafft. In dieser antithetischen Metapher tritt die ästhetische Angemessenheit des Begriffs *concepto* zu Tage, den der Padre Gracián zum Titel seiner Brüsseler Erstausgabe (1611) der von Teresa als unbetitelte übernommenen Schrift erwählt. *Conceptos,* italienisch *concetti,* heißen jene paradoxalen Sinnfiguren, deren sich die europäische Barockästhetik zur (bildlichen oder schriftlichen) Darstellung ihrer extremen intellektuellen Kombinationen bedient.[54] Sie inszenieren die »Unmöglichkeiten« des rationalistischen Diskurses angesichts der Begegnung mit dem Absoluten, sind folglich die einzige, annähernd adäquate sprachliche / bildliche Bühne zur Übermittlung der Gotteserfahrung. Durch seinen Titel weist sich das ganze Werk als eine Summe solcher *»paradoxalen Sinnfiguren der Liebe Gottes«* aus: nichts anderes meint hier der ältere deutsche Begriff *bedencken,* der daher keinesfalls auf das rationalistische Erfahrungsinstrument der *Gedanken* reduziert, mit ihm gar verwechselt werden darf.

Zu einem ähnlichen *concepto* legt Teresa sodann eine andere, alttestamentarische Chiffre (z. B. *Buch der Weisheit* 16, 20) für die alle extremen Qualitäten und divergierenden Wünsche auf sich vereinigende Gottes-Materie, das Manna, aus: *». . . er ist das Manna oder Himmelsbrodt / daß da schmecket / wie man es haben will«.* Wie bereits zu Anfang der Symbiose-Vision des 4. Kapitels enthüllt sich auch hier die Gottesgestalt als polymorphes Produkt der Omnipotenz-Lust des weiblichen Subjekts, das sich damit von den Interpretationsmustern der dogmatischen Text-Exegese entfernt.

Nicht von ungefähr schließt sich an diese alttestamentarische Ausschöpfung des »Schatten«-Konzepts ein poetischer Rekurs auf die an Maria gerichteten Verkündigungsworte des Evangeliums (Lukas, I, 35) an: »Die krafft des allerhöchsten wird dich umbschatten«. Dieses Zitat erfolgt konsequent im Sinne der von der maßgeblichen Bibelexegese seit jeher angewandten »Figuraltheorie«, der zufolge die Vorbildgestalten und -konstellationen des Alten Testaments gleichsam spiegelbildlich-prophetisch auf entsprechende Gestalten und Konstellationen des »eigentlichen« Heilsgeschehens, die das Evangelium enthält, hinweisen, in denen sie also erst zu ihrer endgültigen semantischen Bestimmung finden. Und gerade die Liebes-Verkündigung Gottes an die Jungfrau Maria erachtet die Figuraltheorie für die »erfüllte«, heilsgeschichtlich an ihr Ziel gelangte Version der Liebesworte des *Hohenliedes.* Wenn Teresa sodann zur Veranschaulichung der allseitigen Liebesdurchdringung die Metapher von der (nicht einzugrenzenden) Wolke bemüht, die das begehrende Subjekt umhüllt, dann aktiviert sie offensichtlich wiederum die auch anderswo (etwa im *Buch des Lebens,* Kapitel 20) von ihr verwendete Epiphanie-Symbolik des alttestamentarischen Buches *Exodus* (etwa: *Ex.* 16,10); doch wenn sie dabei ausführt, daß von dieser »wolcken der Gottheit ... solche influentzen / und ein solcher ergötzlicher thaw herunder fället / das derselbe billich und wol / alle müdigkeit hinweg nimbt«, dann scheint sich mit jener biblischen Bildersprache eine maßgebliche Ekstase-Figuration der griechischen Mythologie zu vermischen: die von dem Regen aus der Wolke Jupiters (d. h. seiner Wolken-Metamorphose) beglückte Danae (vgl. Abb. 10). Gewiß gibt es keinen Beweis für eine solche Vermutung, doch ist eine grundlegende Vertrautheit Teresas mit den Konzepten der antiken Mythologie (man vergleiche nur ihre Umgestaltung der Amor-Mythe in der genannten »Transverberations«-Szene der Autobiographie) nicht nur angesichts ihres humanistischen Elternhauses wohl kaum zu bezweifeln.

Früchte aus elysischen Gärten.

Um die Prätext-Metapher von der süßen Liebesfrucht szenisch weiter auszugestalten, erklärt Teresa den schattenspendenden Baum des vorangegangenen Meditationsstadiums nunmehr zu einem Apfelbaum, einer neuen vegetativen Verkörperung des »himmlischen Geliebten«. Zwar wird schon in der Textumgebung des zitierten *Hohelied*-Verses der Geliebte einem Apfelbaum inmitten von Waldbäumen verglichen *(Cant.* II,3), doch »vereinnahmt« Teresa diese Metapher auf eine originelle Weise, indem sie sie zu einem Handlungsmuster für eine entgrenzte Liebesbegegnung entfaltet, innerhalb deren sie sich selbst zunächst eine völlig passive Rolle zuweist: der Apfelbaum reicht hier der Geliebten seine köstlichen Früchte »schon abgebrochen / gekocht / ja auch gekewt«. Bald darauf jedoch ergänzt sie diesen Handlungsverlauf durch sein komplementäres Gegenstück, das die ekstatisch Liebende/Geliebte als aktiv Beteiligte (wenngleich von dem Anderen Initiierte) vorstellt: »O wie neyget dieser Göttliche apffelbaum seine zweyge / *damit die seel seine äpfel abbreche* / durch betrachtung seiner großmächtigkeit / und der menge seiner erbarmungen«.

Trotz seiner »realistisch« anmutenden Dramaturgie ist diese Szene keine naive Anekdote der schreibenden Nonne, sondern ein von ihr zu neuartigem Leben erwecktes Paradieseskonzept der künstlerischen, poetischen und insbesondere mystischen Tradition. Der Prätext preist allerorten die symbolische Liebesfrucht (Granat-)Apfel, und in der Rede »Salomons« bildet der Apfelbaum das vegetative Zentrum des Topos der Liebeserweckung: »Bey einem Apffelbaum' hab' ich' dich / Lieb / gefunden // Vnd auß der Rhue erwacht . . .«.[55] Signifikant ist jedoch ebenso die Verwendung dieses Motivs auf den Territorien der Exegese. Zu einem Apfelbaum mit leuchtenden Früchten wird zumal in der spätmittelalterlichen wie Renaissancekunst und -literatur jener Baum der Erkenntnis umgedeutet, der gemäß dem Buch *Genesis* 2,9 unter der Paradiesesvegetation durch seine Größe und prächtigen Früchte hervorsticht.[56] Während die christliche Kunst ihn oder seine Äpfel gemeinhin zum Sinnbild der an Eva gerichteten (bzw. von ihr ausgehenden), satanischen Versuchung der Erkenntnis bestimmt, findet er und seinesgleichen Fruchtbäume in den Marienkult Einlaß als nunmehr eucharistisch gewendete Christus-Figuration, d. h. als Liebesbaum der Anti-Eva Maria. In den grünenden und blühenden, üppigen Lustgärten, die der *Hortus deliciarum* der Herrad von Landsberg (Ende 12. Jh.), der *Tractatus de planctatione Paradisi* des »doctor seraphicus« Bonaventura (13. Jh.) oder die Kommentare des Kartäusers Dionysius (Köln, 1534) ausmalen, ist er ebenso vertreten wie inmitten der anmutigen (stets symbolischen) Vegetation des *hortus conclusus* (der eingezäunten Gartenlandschaft), in die der unbekannte Oberrheinische Meister des berühmten Frankfurter *Paradieses-gärtleins* (um 1410) die Jungfrau Maria und verwandte Inkarnationen der weiblichen Tugenden versetzt (s. Abb. 11). In diesem Tableau ist die Nähe zum *Hohelied*-Topos vom *hortus conclusus* besonders greifbar, dessen Pracht »Salomon« seine Geliebte gleichsetzt: »Du kömpst mir / Schwester / liebste Zier / / Als *ein verschlossener Garten* für . . .«.[57] Zum verlockenden Sinnbild der erotischen Freuden, zu dem die Renaissance-Künstler in ihren Paradiesesvisionen den Apfelbaum bestimmen (vgl. Abb. 12), haben ihn auch schon die kostbaren Miniaturen zum französischen *Rosenroman* mit seinen aus der Antike herrührenden Elysiumsvorstellungen (vgl. Abb. 13) ausersehen.[58] Lucas Cranach inszeniert seine vielfach variierten Liebes-Inkarnationen Venus, Eva, Dalilah, Lucretia usw. stets vor dem Hintergrund eines prächtigen Apfelbaums, oder diese halten die erotische Frucht in ihren Händen (vgl. Abb. 14). Jene unterschiedlichen Quellen konvergieren in Botticellis *Primavera* (»Der Frühling«), einer der geheimnisvollsten Verschlüsselungen der Paradieses-Utopie in der europäischen Geschichte. Ähnlich dem *Paradiesesgärtlein* des Frankfurter Städels weist dieses Gemälde im linken oberen Bildfeld eine – von der Kunstgeschichte stets für Merkur gehaltene, jedoch in ihrer Funktion nicht enträtselte – Figur auf, die ihre Hand zu den leuchtenden Früchten eines Orangen-(bzw. Granatapfel-)baumes emporreckt (s. Abb. 15). Genau dieses Motiv ist es, das Teresa in das eigene ekstatische Erleben überführt, wobei sie ihrem *alter ego*, der »Seele«, die hier vorgezeichnete Rolle eines aktiven, nach den Gaben der Liebe greifenden Subjekts zuweist, allerdings nachdem sie die vorausgehende Initiative des Geliebten / Apfelbaums entsprechend geschildert hat. Umgekehrt holt ihr literarisches Nacherleben die verschlüsselte Bedeutung dieses Topos der religiösen wie paganen Renaissance-Kunst erst ans Licht: dieser entpuppt sich als eine ikonische Chiffre für die Aktanten der wechselseitigen Liebesverschmelzung in der ekstatischen Entrückung.[59]

Das lebensgeschichtliche Territorium, dem jene verschiedenen Metamorphosen durch Analogie zugeordnet sind, entspricht dem Hochzeitsalter der »Seele«, das sich dadurch als erwachsen gegenüber dem kindlichen Symbiose-Stadium ausweist, daß in seinem Zuständigkeitsbereich eine intensivere Glückserfahrung durch ein größeres Maß an Leidensdruck bedingt ist. (Folglich gehört der erste Abschnitt des 6. Kapitels in der vorliegenden deutschen Übersetzung noch sinngemäß zum 5. Kapitel, wie es übrigens die spanische Erstausgabe von 1611 vorsieht.)

»Sed non satiata« (Baudelaire, Fleurs du Mal).

Die Grenzen auch dieses Territoriums sind freilich durchlässig. Zwar trifft der Leser hier auf neue symbolische Vorgänge, in denen sich das polymorphe Liebesgeschehen verwirklicht, diese aber sind über die Metapher des Rausches eng an die im 5. Kapitel erinnerten Phänomene gebunden. Nichtsdestoweniger gruppieren auch sie sich zu einer kohärenten Struktur, obgleich das Auge des Lesers nur mühsam das Ordnungsprinzip dieses Taumels durch verschiedene exegetische Stadien zu erkennen imstande ist. Erschwert wird ein solcher Nachweis auch diesmal durch den ständigen Wechsel und die gleitenden Übergänge der verschiedenen Darstellungs-, Erzähl- und Reflexionsfunktionen der Schrift, die bald identifikatorischen Tendenzen stattgeben, bald ein distanziertes Zurücktreten von diesen ausdrücken, jedoch für die Ästhetik der Ekstase gleichermaßen repräsentativ sind.

Das *»Paradeiß der wollust«*, zu dem sich die Prätext-Rede vom »Weinkeller des Königs« szenisch ausweitet, veranschaulicht Teresa zunächst epistemologisch durch eine Demonstration des extremen Leidens, dem sich dieses erst verdankt, indem sie die fast unerträglichen Krankheiten ihrer eigenen Jugend in Erinnerung ruft; dann wieder kehrt sie zu der gewohnten Bildersprache zurück. Die Variationen der oralen Lust münden in dem rhetorischen Nachvollzug einer unstillbaren Trunkenheit »ohne maß«, die der alte deutsche Text in eine besonders schöne, heute verschwundene Stilfigur der Redundanz überführen kann: »Und scheinet eben / als wann der König nicht unterlassen wollen jhr zu geben / sondern daß sie da trincken und essen solle / nach jhrem begehren / und *sich wol truncken trincken* / und von allen weinen kosten / die in dem keller Gottes seynd . . .«.

Wie gewöhnlich, wird auch hier dieses Bild eines Rezeptionsvorganges durch das gegenteilige einer Aktivität abgelöst. Eine Reflexion über den Unterschied zwischen Willen und Liebe nimmt die Autorin zum Anlaß, um (wie bereits im 4. Kapitel explizit) den Ursprung der Liebe bildhaft in einen unverkennbar voluntaristischen Impuls des begehrenden weiblichen Subjekts zu verlagern. Ein vom Willen abgeschossener Pfeil, so führt sie aus, verwundet den göttlichen Geliebten (der ja die Liebes-Materie par excellence ist) und kehrt dann »mit uberauß grossem gewinn« wieder zu seinem Emissär zurück. So auffällig zunächst dieser Vorgang an den antiken Mythos vom pfeilschießenden Amor erinnert und so sehr man ihn auch als Ursache für die Rede »Salomons« von seiner »Verwundung« durch die Geliebte vermuten mag – »Du nimpst / O Braut / mir mein Rhue // Du reissest dir mein Hertz' herzue ...« (4. Lied)[60] – so subtil ist doch die List, mit der Teresa dieses mythische Bild von der Genese der Liebe zu einem kalkulierten Akt des weiblichen Subjekts umdeutet. Im Mythos erscheint die Eros-Verkörperung als eine dritte Instanz zwischen Mann und Frau, die ihre Pfeile bald auf diese, bald auf jenen abschießt. Die neoplatonische Liebestheorie des *Dolce Stil Novo* erklärt zwar die Frau, wie es die Sonette in Dantes *Vita Nuova* verkünden – beispielsweise das mit folgenden Versen beginnende: »Ne li occhi porta la mia donna Amore / per che si fa gentil ciò ch'ella mira ...« –, zum Ursprungskörper der Liebe, von dem aus Huld, Anmut, edle Gesinnung usw. sich ergießen (vgl. Abb. 16), zugleich jedoch auch zum passiven Objekt eines idealisierenden Schau-Aktes des Mannes, durch den erst Amor aus einer bloßen Potenz zum Handlungsprinzip erweckt wird (vgl. Abb. 17).[61] Nie jedoch würde sie die Initiative zur Erzeugung von Liebe einem vergleichbar »aggressiven« Akt der »edlen Herrin« anheimstellen.

Teresa rächt sich mit einem weiblichen Bemächtigungsakt: hier setzt sich die Frau bildhaft selbst als libidinal Handelnde ein, die nicht mehr der »Verwundung« durch die Liebesaktivität eines Mannes harrt.[62] Sie weist damit (implizit) alle wie auch immer idealistisch verbrämten Passivitätsvorschriften für das weibliche Liebesverhalten – Beatrice, Laura und ähnliche – zurück und konstituiert sich zum Subjekt ihrer eigenen libido. Eine solche emanzipatorische Tat steht der Heroisierung des Renaissance-Künstlers zum *uomo universale* in nichts nach.

Dennoch verkürzt sie auch hier nicht fälschlicherweise die Liebe zu einem einseitigen Bemächtigungsakt, sondern entfaltet erneut ein breites Spektrum von paradoxalen Perspektiven, welche die Interdependenz des Begehrens sinnbildlich vorstellen. So folgt dem voluntaristisch gewendeten Amor-Konzept gleich das passive Demuts-Exemplum der Jungfrau Maria in der Verkündigungsszene, und beide antagonistisch-komplementären Einstellungen streben einer Poetik des wahnsinnigen Liebesverlangens zu, deren Wechselseitigkeit wohl kaum in zutreffendere und schönere Sprache gefaßt werden könnte: »Er siehet daß sie sich verlieret / und von ihr selber kommen ist / vor begierde ihn zu lieben / und *daß die gewalt der lieb selbsten / sie deß discurs oder nachsinnen deß verstands beraubt /* damit sie ihn desto besser lieben möge; *wie soll er sich denn enthalten können / daß er sich nicht wieder ergebe / deren sie auch jhme gantz ergeben?*« Ausgelöst hat diese Schilderung des Liebeswahns ein Vers des *Hohenliedes* – »Er hat die lieb in mir geordnet« (*Cant.* II, 4) –, den Teresa mit Assoziationen aus dem Marienkult ausstattet, weil dieser für sie genuin in der Liebesfeier der Sulamith vorgeprägt zu sein scheint. Wie meistens, wenn sie besonders anschaulich den Parcours des weiblichen Begehrens nachgezeichnet hat, läßt sich Teresa auch hier zu einem polemischen Exkurs gegen die Wissenschaftsgläubigkeit und Pedanterie der Gelehrten hinreißen, denen sie spöttisch ein ähnliches Begreifen der Liebes-Geheimnisse (Gottes) aberkennt.

Alchimistische Verwandlung ins Idol: »Die Materie sein!« (G. Flaubert, Die Versuchung des heiligen Antonius).

So gleichrangig die aktivisch und passivisch anmutenden Verläufe des Begehrens auch sein mögen, so weist doch die Phänomenologie der Liebesbeglückung in dem durch die Rauschmetapher umrissenen exegetischen Stadium einen Höhepunkt auf, der die Initiation der »Seele« in ein neues Mysterium ihrer Transzendenz ins Bild setzt: den alchimistischen Prozeß ihrer Metamorphose ins Juwel. Am Gegenpol ihres voluntaristischen Ergreifungsaktes definiert sich die Anima zur willen- und regungslosen Materie der Liebes-Omnipotenz des Anderen um, aber diese Verwandlung läßt sie als materielle Glorifizierung zum denkbar schönsten, strahlendsten Liebesobjekt sich vollziehen: zu einem beliebig modellierbaren Kleinod, das *»mit viel köstlichen edelgesteinen / und mit tausenderley zierlicher arbeit«* übersät ist. Autor dieser Alchimie ist die »himmlische Majestät«, unter deren Gestaltungswillen die Anima es mit sich geschehen läßt, daß sie mit Gold, »dem schmeltzwerck seiner liebe«, überzogen werde.

Hier konstituiert sich, aus der Retrospektive des schreibenden Subjekts als extreme Passivitätserfahrung erinnert, der pompöseste, brillanteste Artefakt, zu dem ein Subjekt (nach Aufhebung seiner Ich-Identität) überhaupt materialisiert, »objektiviert« zu werden vermag: das Idol, der prunkende Fetisch des katholischen Idealkultes. Diese Ausschmückung der »Seele« erinnert nicht zufällig an die mit kostbarem Brokat behangenen, juwelenüberhäuften Marienstatuen der archaischen, »orientalisch-afrikanischen« Territorien Europas: Andalusiens, Siziliens.

Vergleichbares findet sich in den übrigen Werken Teresas etwa als Vision des ins Kleinod verwandelten Kreuzes im 29. Kapitel ihrer Autobiographie: »... war es auß vier grossen edelgesteinen zusammen gemacht / die unvergleichlich viel köstlicher waren als Diamanten«.[63] Literatur und symbolistische Kunst des 19. Jahrhunderts siedeln nicht von ungefähr die Genese dieses Idols, der leuchtendsten Materialisierung der narzißtischen (Selbst-)Ausschmückung des Ichs, im Orient an, ihrer Projektionsstätte für die in der abendländischen Zivilisation verkümmerten Glorifizierungswünsche der Sinne. Flaubert inszeniert den Auftritt der karthagischen Prinzessin Salammbô (im ersten Kapitel des gleichnamigen Romans) als Epiphanie eines mit Edelsteinen überladenen »Gnaden-Bildes«, des Idols ihres Staates und der »barbarischen« Männlichkeit. Huysmans' literarisches Double Des Esseintes nimmt die Salome auf dem Gemälde *Die Erscheinung* von Gustave

Moreau (vgl. Abb. 18) als kristallines, in exotischen Farben glitzerndes Idol wahr, als »empfindungslose und unerbittliche Statue«, in der für ihn »die Erotik, das Grauen des menschlichen Wesens« zur Darstellung gelangt sind (5. Kapitel seines Romans *A rebours* – »Wider den Strich«).[64] Doch im kristallinen Bild nimmt zugleich die Todes-Erstarrung des Lebendigen Gestalt an. Im Idolcharakter Salammbôs ist der Tod ihrer *libido,* ja selbst ihrer physiologischen Weiblichkeit, den das theokratische System fordert, ikonisch schon angekündigt[65]; und wenn Des Esseintes in seinem neurotischen Haß auf alles Natürliche den Panzer seiner zum Haustier gezähmten Riesenschildkröte mit Gold überziehen und mit den erlesensten Edelsteinen prunkvoll besetzen läßt – der frappierendsten literarischen Analogie zu Teresas Selbst-Ausschmückung zum Juwel! –, dann verordnet er diesem ins Kunstkonzept verwandelten Lebewesen unwiderruflich den baldigen Erstikkungstod.[66]

Lange vor der symbolistischen Kunst weiß auch Teresa um die ontologischen Implikate der Objektivierung des Lebendigen zum Idol: *»Diese seel ist das gold / welche zu dieser zeit sich nicht mehr bewegt . . .«.* Das äußerste Stadium narzißtisch-fetischistischer Ausschmückung leitet in ihrer phänomenologischen Darstellung über zur Todeserfahrung der »Seele« als dem äußersten Grad des Verschmelzungserlebnisses; freilich malt sie diese Konsequenz erst im letzten Kapitel aus, um zuvor noch Reflexionen über den Allegoriegehalt jener Metamorphose anzustellen. Sämtliche Exkurse aber, die visionären wie die kommentierenden, leitet sie aus den semantischen Potenzen eines einzigen Verses des *Hohenliedes* ab: »Wer ist diese / die da worden ist / *gleich wie die sonne?*« *(Cant.* II, 9), der alle dort vorkommenden, expliziten Juwelen-Metaphern in sich birgt.

Als unwiderstehliche Todessehnsucht kündigen sich die Implikate jener alchimistischen Verwandlung ins Idol gegen Ende des 6. Kapitels an; das 7. Kapitel läßt dann die schillernden poetischen Variationen dieses Kausalnexus aufleuchten. Die unterschiedlichen Aspekte der *coincidentia oppositorum* Liebeswahn und Todessehnsucht rechtfertigen sich jeweils durch die im Leitvers versteckten Paradoxa: *»Erquicket mich mit blumen / umbstecket mich mit äpffeln / dann ich werde kranck vor lieb«*. Die hieraus gedeutete endgültige Initiation der Anima in das Hochzeitsmysterium des verklärten *Corpus Christi* erinnert Teresa als gefahrvolle Gratwanderung am verlockenden Abgrund des Todes, von der es aus eigener Kraft kein Zurück mehr zu den Fundamenten der sozialen Identität zu geben scheint. (Diese restlose Versenkung in die Urkörper des Lebens – die *prima materies* des Lukrez – meint bei Flaubert der ekstatische Asket Antonius, wenn er seinen Wunsch nach extremster Seinserfüllung auf die paradoxale Formel bringt: »Die Materie sein!«).[67] Teresa vergleicht die Ohnmacht der »vor grosser Wollust und süssigkeit« gewaltsam hinweggerissenen »Seele« der Lähmung des visionären Subjekts durch einen schweren Traum, aus dem es kein Entrinnen, es sei denn in den Tod, gibt (vgl. Abb. 19). Auch hierin läßt sie die Traumsprache der Symbolisten vorausahnen. Jahrhunderte später lenkt

Gustave Moreau in einer seiner visionären Inszenierungen der Grenzerfahrung, auf deren Scheitel die Extreme Liebesohnmacht und Tod koinzidieren, den Blick des Betrachters auf das *tremendum* der Todesdrohung, zu dem das *fascinosum* der Epiphanie des ersehnten Gottes für das begehrende Subjekt umgeschlagen ist. Der von der liebenden Semele »produzierte« metaphysische Geliebte, Jupiter, erweist sich im Augenblick seiner glorreichen Epiphanie, der Ekstase Semeles, als idolhaft-kristalline, also leblose, monströse Figuration der unendlichen Materie. In der entsetzlichen Erkenntnis dieser Wahrheit wird das entgrenzte Wesen in den Tod, die ewige Materie, hinweggerissen (s. Abb. 20).[68]

Die Sprache der Bacchantinnen.

Der von der lustvollen Todesahnung Zurückgekehrten – »Und gewißlich ein seliger todt were dieser / von den händen deß Herrn und seiner liebe sterben!« – stellt sich das Problem der Integration dieses asozialen Erlebens in eine Daseinsform, die dieses für das Subjekt wie für seine Mitmenschen fruchtbar zu machen, also auch zu propagieren geeignet ist. Daß nicht ein diffuses, melancholisches Sehnen diesem Anspruch gerecht werden kann, entnimmt Teresa der Martha-und-Maria-Parabel des Evangeliums (Lukas 10, 38–42), einer der am häufigsten von ihr kommentierten Vorbildkonstellationen (vgl. *Innere Burg,* 7. Wohnung, I, IV; *Weg zur Vollkommenheit,* 33). Dort findet sie das heilsgeschichtliche Beispiel dafür, daß die *vita contemplativa* (»das beschawliche leben«; Maria) stets einhergehen muß mit der *vita activa* (»das würckliche leben«; Martha), daß also sogar eine Nutzbarmachung der Ekstase für die weitere Meditationspraxis deren Bedeutungsfülle nicht ausschöpft. Die dyadische Exempelfigur enthält eine doppelte, an die Person der Ekstatikerin gerichtete Handlungsanweisung: sie fordert dazu auf, ihre Entgrenzungserfahrung zur Stärkung (und nicht, wie man gemeinhin annehmen möchte: zur Schwächung) ihrer weiblichen Identität im Sinne eines Machtzuwachses an Subjektivität zu nutzen, zeichnet aber auch einen Weg vor, diese Erfahrung durch die Aufnahme sozialer Gründungsaktivitäten für die Kollektivität fruchtbar zu machen. Teresas »architektonische« Tätigkeit als Reformerin und Gründerin von Klöstern ist demzufolge ein ebenso unmittelbares Ergebnis der Ekstase wie ihre weitere Meditationspraxis oder die schriftliche Vulgarisierung derselben. Ausgeschöpft wird die Wirkmöglichkeit der Ekstase nur dann, wenn das durch sie bestärkte Subjekt seinen Liebesgewinn nicht egoistisch für sich behält, sondern »daß nechsten nutzen und gewinn (...) allein vor augen« hat.

Diese Aufgabe konfrontiert sie jedoch auch mit dem grundsätzlichen Problem der (didaktischen) Umsetzbarkeit von Grenzerfahrungen in eine verständliche Sprache. Zum Beweis für die Überwindbarkeit auch dieser Aporie kann sich Teresa erneut auf eine Frauengestalt des Evangeliums berufen: die Samariterin (Joh. IV, 4 ff.), die ihr ohnehin ein besonders liebes Identifikationsmodell ist, seitdem sie als Kind im Hause ihres Vaters ein Gemälde betrachten konnte, das die Begegnung Christi mit der Samariterin am Brunnen darstellte (vgl. *Buch des Lebens* 30, 19). Durch die Begegnung mit der Inkarnation des Absoluten von Liebe ergriffen, verkündet diese Frau »außer sich«, exklamatorisch, ihr Glück in alle Richtungen: *»In dieser Göttlichen trunckenheit / gienge diese heilige / und ruffte mit heller stimm auf den gassen«*. Dies aber ist die christlich gewendete Artikulation der auf der Suche nach ihrem Geliebten ausschweifenden, von Sehnsucht ergriffenen »Sulamith«: »Mich zwang die Brunst das Lager zu verlassen: // Ich lauffe was ich kan // Hin durch die Statt / such' umb auff allen Gassen . . .« (3. Lied).[69] Nicht anders habe auch die »Verkündigung« der Ekstase im zeitgenössischen Kommunikationszusammenhang zu erfolgen: als eine spezifisch weibliche Proklamation der trunkenen Liebe, wie sie – dem Schreien der Bacchantinnen ähnlich – unter den Schriften Teresas am unmittelbarsten in den *Exclamaciones del Alma a Dios* (den »ekstatisch-hymnischen Ausrufungen der Seele zu Gott«) zur Sprache gelangt (vgl. Abb. 21).

Diese Art der Vulgarisierung erklärt Teresa allerdings noch in anderer Hinsicht für eine spezifisch weibliche Angelegenheit. Sie hält nämlich das Beispiel der Samariterin ihren Mitschwestern auch deswegen vor Augen, weil dieses »weibsbild« eine außerordentliche missionarische Wirkung ausgeübt habe, obwohl sie von niedrigstem Stande gewesen sei, »in dem sie umb wasser gienge« (womit Teresa auf das in der spanischen Wertvorstellung ungemein gering geschätzte Metier des Wasserträgers anspielt). Damit postuliert sie die »bacchantische« *Exclamatio* als adäquates Instrument weiblicher Emanzipation, verhilft der durch Ideologien und männliche Arroganz entmündigten Weiblichkeit zu ihrer eigenen Sprache. Diese ist in höchstem Maße subversiv, da sie nicht auf die Weitergabe von Herrschaft, sondern auf die hymnische Proklamation von Liebe gerichtet ist und somit der Ratio jedes funktionalen Diskurses opponieren muß.

Ein »Buch der (weiblichen) guten Liebe«.

Deswegen jedoch kann die Sprache der *Bedencken* noch nicht als irrational abqualifiziert werden: sie gehorcht in der Tat aber einer anderen als der zur Durchsetzung von Hierarchien dienenden Logik. Der leicht – wie die übrigen Demutstopoi – als Entschuldigungsformel mißzuverstehende Hinweis auf die gleichsam berufsbedingte Eile ihrer Niederschrift, mit dem Teresa dieses kleine Werk beschließt, darf nicht darüber hinwegtäuschen, daß hier ungewöhnliche ästhetische Wahrnehmungen in einem poetischen Strukturprinzip aufgehoben sind, das sich keineswegs naiver Unmittelbarkeit und Spontaneität verdankt. Die Sprache des Begehrens, die hier seismographisch aufgezeichnet ist, orientiert sich an einer langen christlichen Tradition meditativer und exegetischer Praxis. Über die Predigten Odons von Cluny, des Papstes Gregors des Großen sowie den Pseudo-Bonaventura (13. Jh.) reicht sie bis in die Spätantike zurück, zumal auf Ambrosius und den von Teresa (im 3. Kapitel der *Bedencken*) selbst erwähnten Paulinus von Nola (4. Jh.). Die Bemühungen des letzteren, sein alltägliches Leben nach liturgischen Vorgaben zu gestalten und diese dabei kontemplativ zu

Sinnfiguren auszulegen, wirken andererseits als Vorbilder für Bernard von Clairvaux' marianistische Exegese des *Hohenliedes* (1. Hälfte des 12. Jhs.), mit deren hymnischer Poetik Teresa wiederum wohl vertraut gewesen sein dürfte. Das Kompositionsschema jener gattungspoetisch so unterschiedlichen Werke ist gewöhnlich in drei rhetorische Stadien zu untergliedern: zunächst die sinnliche Vergegenwärtigung der autoriativen biblischen Vorgabe *(›applicatio sensuum‹)*; dann die *›applicatio quaestionis‹*, in welcher der Gegenstand unter Einbeziehung der Situation des Lesers befragt wird; schließlich das *›colloquium cum Deo‹*, das die unendlichen Bedeutungspotenzen des »dunklen« Prätextes in Paradoxa reflektiert und in antithetische Stilfiguren übersetzt.[70]

Die Grundstrukturen dieser Meditationspraxis sind auch in Teresas Exegese des *Hohenliedes* auffindbar, dennoch werden sie von ihr zu einer neuartigen Poetik transformiert. Hier sind die exegetischen Territorien keineswegs so deutlich voneinander geschieden wie in der Tradition; vielmehr überschneiden sie sich, fließen ineinander über, durchdringen sich, aber gerade diese Durchlässigkeit der kategorialen Grenzen macht die Schrift Teresas zu einer noch angemesseneren Bühne für die Inszenierung der fluktuierenden Konstellationen des Liebesbegehrens. Diese polymorphe Organisationsstruktur, die sich als spezifisch weibliche Inszenierungsstätte von Lebenserfahrung versteht, weist daher auch unterschiedslos die Darstellungsverfahren der verschiedensten poetischen »Gattungen« – Brief, Hymnus, Pastoraldichtung, Liebesdialog und -traktat, Predigt usw. – auf, stiftet deren Kohärenz jedoch durch eine brillante Ästhetik des Paradoxons, des *concepto,* die nicht zuletzt auf Grund ihres »dramaturgischen« Umgangs mit den beeindruckenden Bildvorgaben ihrer Zeit ungleich mehr der modernen Barockästhetik verpflichtet ist als der traditionellen Rhetorik der Meditationsliteratur. Daher auch bestimmt diese perspektivische Vielfalt die *Conceptos del Amor de Dios* zu einem originellen, konzeptistischen und weiblichen Äquivalent des »heidnischen« *Libro de Buen Amor,* jenes prallen *Buches von der guten Liebe* des Arcipreste de Hita (um 1330–40 entstanden), welches die Sinnlichkeit der arabischen Dichtung (etwa des *Halsbands der Taube* von Ibn Hazm), den Humor satirischer Didaktik und den hymnischen Elan der Marienlyrik in sich vereinigt.[71] Wie jenes altspanische Liebeswerk schöpfen auch die *Bedencken von der Liebe Gottes* ihren poetischen Erfindungsreichtum aus jener nicht in Stände- und Klassenkategorien zu erfassenden, generösen Kultur der nicht entfremdeten Menschheit (der Literaturwissenschaftler Michail Bachtin nennt sie: das Volk), die wenige Jahrzehnte zuvor eine der gewaltigsten und ironischsten Sprachschöpfungen des Okzidents, das »trunkene« Epos des François Rabelais, hervorgebracht hat.[72]

Mit den Manifestationen der Hysterie, jener pathologischen, unartikulierten und unproduktiven Eruption der unter repressiver Sexualhygiene erstikkenden Triebe, auf die der therapeutische Diskurs des vergangenen Jahrhunderts die Werke Teresas zu reduzieren gedachte, hat diese Schrift nichts gemein: sie befindet sich am produktiven Gegenpol jeglicher pathologischen Sprachlosigkeit. Verfehlt ist auch der Hinweis auf die solipsistische Natur der Ekstase-Schrift, wenn er vorgebracht wird, um die Werke Teresas als Kompensations-Phantasien einer in der Zelle Eingesperrten, einer ihren kindlichen Traumata ausgelieferten Lesbierin erscheinen zu lassen[73]: vielmehr sind sie umgekehrt Dokumente triumphaler weiblicher Souveränität[74] und als solche fest in der sozialen Gründungsleistung ihrer Autorin verankert. Die Territorien, die ihre Poiesis erinnert und aus mythischen, künstlerischen und dichterischen Vorgaben neu gestaltet, weisen gewiß nicht so komplexe Artefakte auf wie die so mancher enzyklopädisch gebildeten Dichterkollegen; aber sie umfassen keine geringeren als die geheimnisvollen, ursprünglichen, prächtigen Landschaften des unzensierten Begehrens.[75]

Diese sich selbst, ihrem eigenen Willen und Wünschen verfügbar gemacht, nicht passiv ihrer geharrt zu haben, ist die subversive Logothesis[76] einer außergewöhnlichen Frau und rückt diese bedrohlich in die Nähe der sogenannten Hexen. Oft dürfte Teresa nur die Protektion ihrer jesuitischen und augustinischen Beichtväter davor bewahrt haben, nach Verhören und Inhaftierungen, die sie (wie andere Mystiker: Johannes vom Kreuz, Luis de León, Miguel de Molinos usw.) über sich ergehen lassen mußte, gleich jenen dämonisierten Ekstatikerinnen von der Inquisition gefoltert und verbrannt zu werden: so austauschbar mutet die Liebessprache hier und dort an.[77] Das Manuskript ihrer *Hohelied*-Exegese hat sie nicht von ungefähr auf den dringenden Rat ihres Beichtvaters alsbald vernichtet.[78]

Zu Recht verweist denn auch der Gründer der Pariser Freud-Schule, Jacques Lacan, auf die poetischen Chroniken einer Teresa, Hadewijch von Antwerpen und verwandter Mystikerinnen, wenn die Frage nach dem Wesen der weiblichen Liebesimagination an ihn ergeht.[79] Im Wagnis ihrer Niederschrift erobert das weibliche Subjekt sich triumphierend jene irdischen Paradiese, zu deren dämonisierten Zerrbildern der melancholische Dichter der Moderne nur noch durch das Tor halluzinogener Opiate hinabsteigen kann *(les Paradis artificiels)*.

André Stoll

Anmerkungen.

Die folgenden Fußnoten haben die Aufgabe, Anregungen zu einer vielseitigen, interkulturellen Weiterbeschäftigung mit dem Werk Teresas und den von ihm aufgeworfenen ästhetischen, poetischen, psychologischen usw. Fragestellungen zu vermitteln. Die Fundierung dieses Werkes im romanischen Kulturkreis, aber nicht nur sie, bringt es mit sich, daß zahlreiche Literaturangaben auf fremdsprachige Bereiche verweisen.

Die mit dem Namen Teresa von Avila bezeichnete Nationalheilige und Mystikerin ist identisch mit der hauptsächlich in Spanien und innerhalb der Ordensgemeinschaften Teresa von Jesus genannten.

1 »! Oh grandes, oh riquísimas conquistas / de las Indias de Dios, de aquel gran mundo / tan escondido a las mundanas vistas«! V. 643–645 der im Siglo de Oro berühmten *Epístola VI* des Francisco de Aldana (1537–1578): *Carta ... para Arias Montano sobre la contemplación de Dios y los requisitos della,* in: F. de Aldana: *Poesías,* ed. Elías Rivers, Madrid 1966, S. 67.

2 Die meisten der schier zahllosen, teilweise legendären »Biographien« Teresas schöpfen ihre Angaben weniger aus dem Werk der Autorin selbst als aus »Augenzeugenberichten«, zumal aus denen des Jesuiten Francisco de Ribera *(La Vida de la Madre Teresa de Jesús,* Salamanca 1590) sowie des Padre Jerónimo Gracián (*Declaración en que se trata de la perfecta vida y virtudes heroicas de la Santa Madre Teresa de Jesús y de las fundaciones de sus monasterios,* Brüssel 1611). – Die heutige kritische und wissenschaftliche Beschäftigung der Theologie mit dem Werk der 1970 als erste Frau zur Kirchenlehrerin erhobenen Teresa spiegelt sich in der Aufsatzsammlung *Gott allein. Teresa von Avila heute,* Hrsg. W. Herbstrith, Freiburg-Basel-Wien 1982, sowie in den Arbeiten von U. Dobhan (z. B. *Gott – Mensch – Welt in der Sicht Teresas von Avila,* Frankfurt 1978).

3 Dies geschah vor allem im Rahmen der medizinischen Beschäftigung mit den lange Zeit *nervosisme* genannten Phänomenen der Hysterie, die von Charcot und Paul Richer an dem Pariser Krankenhaus La Salpêtrière systematisiert wurde.

Vgl. von J.-M. Charcot: *Neue Vorlesungen über die Krankheiten des Nervensystems, insbesondere über Hysterie,* übers. v. S. Freud, Leipzig-Wien, 1881; ebenso seine Abhandlung über *Les démoniaques dans l'Art.* – S. Freud (*Studien zur Hysterie,* 1893, in: *Gesammelte Werke,* 1. Band, London 1952, usw.) und später O. Fenichel (*Hysterien und Zwangsneurosen. Psychoanalytische spezielle Neurosenlehre,* 1931, 3., unveränd. Nachdruck: Darmstadt 1974) haben Phänomenologie und Aitiologie der Hysterie zum klassischen Forschungsgegenstand der Psychoanalyse entwickelt, dessen Ergebnisse jedoch bekanntlich in jüngerer Zeit auf ihre historischen Funktionen hin kritisch überprüft werden (vgl. die Arbeiten von Th. S. Szasz; zum Verfahren Charcots s. auch R. Schaps: *Hysterie und Weiblichkeit. Wissenschaftsmythen über die Frau,* Frankfurt-New York, 1983). – Von katholischer Seite hat es zahlreiche Versuche gegeben, den »Hysterie«-Verdacht im Falle Teresas zu leugnen oder auf eine begrenzte Lebensphase einzuengen, ihn jedenfalls kategorisch von der Gotteserfahrung der Mystikerin abzusondern. Einen umfassenden Überblick über die repräsentativen Streitfragen vermittelt der Artikel *Thérèse de Jésus (Sainte)* im *Dictionnaire de Théologie catholique,* t. XV, Paris 1946, Sp. 556–559.

4 Allerdings auch anderer, nicht minder geläufiger Natur, die durch folgende typische Äußerung eines gallikanischen Parlamentariers in Paris gegen Ende des 16. Jahrhunderts belegt sei, von der J. Solé berichtet. Dieser habe gestanden, »daß seiner Ansicht nach die unter den Bigotten so sehr gerühmte Terese von Avila eher die Peitsche verdiene als die Kupplerinnen der Hauptstadt.« (Zit. nach J. Solé: *Liebe in der westlichen Kultur,* Frankfurt-Berlin, 1979, S. 127).

5 Übers. nach M. de Unamuno: *En torno al casticismo,* Kap. IV: *De mística y humanismo,* Madrid, 7. Aufl., 1968, S. 103.

6 S. insbesondere seine grundlegenden Forschungsergebnisse in *La realidad histórica de Expaña,* México 1954; frz. Ausgabe: *Réalité de l'Espagne,* Paris 1963, hierfür insbesondere Kap. XI: *Philosophie et sentiment religieux,* S. 299–365.

7 Übers. nach A. Castro: *La mística y humana feminidad de Teresa la Santa* (1929), in: ders.: *Teresa la Santa y otros ensayos,* Madrid 1982, S. 57.

8 Angefangen mit den heftig umstrittenen Äußerungen von R. Menéndez Pidal zu den asketischen Aspekten dieses Werkes (in: *La lengua de Cristóbal Colón. El estilo de Santa Teresa y otros ensayos,* Madrid 1946). Weiterhin: M. Florisoone: *Esthétique et mystique d'après Sainte Thérèse d'Avila et Saint Jean de la Croix,* Paris 1956. Die bisher umfassendste Materialsammlung enthält V. García de la Concha: *El arte literario de Santa Teresa,* Barcelona 1978.

9 Diese biographischen Angaben entstammen, falls nicht anders vermerkt, folgenden Arbeiten: A. Castro: *Teresa la Santa . . .,* a. a. O. – Einführung zu den *Obras completas de Santa Teresa de Jesús* von E. de la Madre de Dios und O. Steggink, BAC, 7. Aufl. Madrid 1982, S. 1–24. – Santa Teresa de Jesús: *Libro de la Vida,* ed. Dámaso Chicharro, 4. Aufl., Madrid 1982, S. 19–103. – Sorgfältig dokumentiert ist auch der popularisierende, romanhafte Essay von Marcelle Auclair: *Das Leben der heiligen Teresia von Avila,* Zürich 1960.

10 Der Nachweis dieses genealogischen Faktums (durch A. Castro und N. Alonso Cortés, 1946; vgl. H. Seris: *Nueva genealogía de Santa Teresa,* NRFH, X, 1956), der den – aus verständlichen ideologischen Gründen konservierten – Mythos von der altkastilischen Nobilität Teresas ins Wanken brachte, hat in den letzten Jahrzehnten zu einer tiefgreifenden Revision der maßgeblichen Vorstellungen über Herkunftsmilieu und Entwicklung dieser außergewöhnlichen Frau geführt.

11 Die rassistische Fundierung der spanischen Ehre nach dem Abschluß der *Reconquista* (Rechristianisierung) belegt u. a. B. Bennassar: *L'Homme espagnol. Attitudes et mentalités du XVIe au XIXe siècle,* Paris 1975, S. 167–184.

12 Anspielung auf den Titel *Le Dieu caché* (1959) der bedeutsamen Untersuchung von Lucien Goldmann zur analogen Position einer Fraktion des französischen Jansenismus im 17. Jahrhundert (*Der verborgene Gott. Studie über die tragische Weltanschauung in den ›Pensées‹ Pascals und im Theater Racines,* Neuwied 1973). – Die Probleme der Berufsausübung und kulturellen Aktivitäten der Konvertiten im Spanien des 16. Jahrhunderts zeigt A. Domínguez Ortiz auf: *Los Judeoconversos en España y América,* Madrid 1971, S. 29–60, 167–217. – Das umfassendste Quellenmaterial dazu entfaltet J. Caro Baroja im

2. Band seines dreibändigen Standardwerkes *Los judíos en la España moderna y contemporánea,* Madrid 1961.

13 Zum Publikum dieser Ritterfabulation s. M. Chevalier: *Lectura y lectores en la España des siglo XVI y XVII,* Madrid 1976.

14 Nach J. Caro Baroja, a. a. O., S. 330.

15 Einen ersten und dennoch differenzierten Einblick in die Bildungssituation der Frau im zeitgenössischen Spanien verschafft Joël Saugnieux: *Culture féminine en Castille au XVIe siècle. Thérèse d'Avila et les livres,* in: ders.: *Cultures populaires et cultures savantes en Espagne, du Moyen Age aux Lumières,* Paris 1982, S. 45–77.

16 Schon 1531 hatten die Cortes ihre Einfuhr in die amerikanischen Kolonien mit ähnlichen Argumenten untersagt, 1533 auch ihre Drucklegung in den »Indias«; s. A.C. Mottola: *The ›Amadís de Gaula‹ in Spain and in France,* Diss. Fordham University, New York 1962, S. 109–110.

17 Diese Hypothese erfolgt, wie die (wenigen) übrigen, die hier zum Zusammenhang zwischen soziologisch meßbaren Daten der Außenwelt und der Innenwelt eines Individuums, erst recht zu »seinen« poetischen Darstellungssystemen, vorgetragen werden, nur unter größten Vorbehalten, da es keinen solchen unmittelbaren Zusammenhang gibt. Meist sind die poetischen / künstlerischen Hervorbringungen eines Individuums der Vergangenheit die einzige dokumentarische Materie, aus der – unter weitestgehender Berücksichtigung der Entstehungsbedingungen von Symbolsystemen – vorsichtige, also niemals uneingeschränkt affirmative, Rückschlüsse auf eventuell analoge bzw. divergierende Dispositionen desselben bzw. auf dessen Deutungssysteme gezogen werden können. Kunst / Poiesis verdichtet, verschlüsselt Lebensprozesse und ihre gesellschaftlichen Inszenierungsstätten (Diskurse) indes so sehr zu symbolischen Interaktionskonzepten, daß deren Überführung in einen »wissenschaftlichen«, »analytischen« Diskurs, strenggenommen, stets scheitern muß, da dieser die äußerste poetische Dichte durch eine schier unendliche exegetische Quantität kompensieren müßte. Mit größten Vorbehalten sind daher auch psychoanalytische Zugänge zu Schriftsteller- bzw. Künstlerpersönlichkei-

ten zu bedenken, zumal wenn derartige Verfahren unterschiedslos poetische / ästhetische Figurationen und historische Individuen zu ihrem Gegenstand machen. Auch Sartres ausladende Bemühungen um Einsicht in die Entwicklungsgeschichte des exemplarischen schreibenden Individuums der Moderne, Gustave Flaubert – s. sein 3500seitiges Torso *Der Idiot der Familie. Gustave Flaubert, 1821–1857,* in der vorzüglichen deutschen Übersetzung von T. König, 5 Bände, Reinbek 1977–1980 –, dokumentieren eher das Scheitern denn die Erfolgsaussichten von Verfahren, die sich der poetischen Materie auf dieselbe Weise wie der durch sie prozessualisierten sozialen Diskurse bedienen, um die historische Genese des Schriftstellers zu rekonstruieren. Diesem Zugriff muß sich der über die soziale Determiniertheit hinausweisende, den Herrschaftsanspruch ihrer Diskurssysteme sprengende Prozeßcharakter des (poetischen) Kunstwerks gänzlich versagen: die »produktive«, prozeßhafte »Dramaturgie« der aufs äußerste verdichteten, symbolischen Konzepte der Kunst / Poiesis bleibt in ihrer eigentlichen Qualität, der Differenz, hier unerkannt.

18 Übers. nach der Ausgabe des *Camino de perfección* in: *Obras de Santa Teresa de Jesús,* novena edición, Madrid 1964, S. 466.

19 Vgl. ihr *Buch des Lebens,* Kap. VII, 4, sowie ihr Vorwort zu *Die innere Burg,* hrsg. u. übers. von F. Vogelgsang, Zürich 1979, S. 19–20.

20 Anregungen zu einer literaturwissenschaftlichen Analyse dieses Werkes finden sich bei D. Chicharro, Vorwort zum *Libro de la Vida,* a. a. O., bes. S. 72–92. Eine Fülle neuer ästhetischer Perspektiven entwickelt die theologisch wie kunst- und literaturgeschichtlich wohlfundierte, semiologische Arbeit von M. de Certeau: *La Fable mystique,* Paris 1982, passim.

21 Zit. nach *Die innere Burg,* a. a. O., S. 85.

22 Zum Problem der prägenden Funktion ähnlicher topischer Motive für die Konstituierung der Lebensgeschichte von Künstlern / Schriftstellern vgl. Ernst Kris / Otto Kurz: *Die Legende vom Künstler. Ein geschichtlicher Versuch,* Frankfurt/Main 1980.

Während der ersten Jahrhunderthälfte floriert in Spanien unter vielerlei Gestalten eine reiche Kontemplationsliteratur zum Leiden und Sterben Christi, die teilweise auf die von Fray Luis de Granada im Jahre 1536 übersetzte *Imitatio Christi* des Thomas a Kempis zurückgreift; Teresa selbst kennt dieses Werk und eignet es sich unter dem Titel *Contemptus mundi* (»Weltverachtung«) an. Besonders einflußreich dürfte auch die mehrfach in lateinischer Sprache publizierte *Vita Christi* des Kartäusers Ludolfus von Sachsen sowie die vierbändige, im Auftrag des Königs Ferdinand erstellte *Vita Christi cartuxado romançado* von Fray Ambrosio Montesino (1502/03) gewesen sein; Teresa erwähnt letztere im 38. Kapitel ihres *Buches des Lebens.* (Vgl. V. García de la Concha, a. a. O., S. 58/59.)

23 Morel-Fatio konnte sogar aufzeigen, daß die drei Begegnungen Christi mit verschiedenen Frauen (des Evangeliums), auf die Teresa während ihres ganzen Werkes mit besonderer Vorliebe identifikatorisch rekurriert – die Bekehrung der »Sünderin« Magdalena, die Samariterin am Brunnen und die Rivalität zwischen Maria und Martha –, in drei aufeinanderfolgenden Kapiteln (40–42) des ersten Teils der *Vita Christi* von Ludolfus von Sachsen glossiert werden, und zwar als drei Seelenzustände. (S. V. García de la Concha, a. a. O., S. 59.)

24 Vgl. M. Janssen: *Maria Magdalena in der abendländischen Kunst,* Diss. Freiburg 1961, sowie F.J. Sánchez Cantón y J. Camón Aznar: *Los grandes temas del arte cristiano en España,* BAC, Madrid, n. 34, 64, 47.

25 *Historia de la bendita Magdalena sacada largamente de los evangelios e otras partes,* Toledo 1521.
Zu Beginn des 17. Jahrhunderts nimmt der Cardinal de Bérulle, der entscheidend zur Propagierung des Magdalenen-Kultes in den Klöstern des französischen Karmels beigetragen hat, für den Bereich der Meditationsrhetorik ausdrücklich eine solche Subsumierung dieser verschiedenen Frauengestalten des Evangeliums unter den Namen Maria Magdalena vor. (Vgl. Cardinal de Bérulle: *Elévation à Jésus-Christ Notre Seigneur sur la conduite de son esprit et de sa grâce vers Sainte Madeleine,* Paris 1625, Kap. II, 7.)

26 Teresa las die *Confessiones* in der Übersetzung des Padre Sebastián Toscano aus dem Jahre 1554. Sehr populär wa-

ren in Spanien seit längerem *Las meditaciones, soliloquio e manual del bien-aventurado sant Augustín,* Valladolid 1515 (s. V. García de la Concha, a. a. O., S. 56–57), eine weitere mögliche Quelle Teresas.

27 Man braucht indes nicht bis Andalusien auszuschweifen. Die schmachtende Tränenreiche, zu der Rilke Maria Magdalena »verklärt«, ist repräsentativ nicht nur für die erotischen Männerphantasien des Fin de Siècle: »Magdalena stürzt zu Jesu hin: das ist die Liebe; Magdalena wagt nicht, Jesu zu nahen: das ist die Sünde; (. . .) sie ist gierig und unersättlich: das ist die Liebe; sie wagt nichts zu begehren: das ist die Sünde. Aber sie weint, aber sie seufzt; aber sie schaut auf, aber sie schweigt: das ist die Liebe und die Sünde in Einem«. (Rainer Maria Rilke: *Die Liebe der Magdalena,* in: *Die drei Liebenden,* Frankfurt (it 355), 1981, S. 11.

28 Bezeichnenderweise setzt erst nach 1580 erneut (nach den spätantiken und mittelalterlichen Schriften) eine intensive Maria-Magdalena-Meditation in Lyrik und Prosa ein (z. B. L. Suppoli: *Il combattimento spirituale,* 1589; Erasmo de Valvasón: *Le lagrime della Maddalena,* 1580; Malón de Chaide: *Libro de la conversión de la Magdalena,* 1588; eine anonyme *Madeleine repentie,* 1597; Cardinal de Bérulle, a. a. O.). – Wertvolle Hinweise auf die Rhetorik dieser Meditation verdanke ich dem brillanten Vortrag *Die Tränen der Maria Magdalena,* den mein altphilologischer Kollege Reinhart Herzog im Rahmen meines Teresa-Seminars an der Universität Bielefeld gehalten hat. Vgl. R. Herzog: *Gottesmonolog und hermeneutischer Dialog – Eine Anfrage an die Theologie,* in: *Text und Applikation,* Poetik und Hermeneutik, Bd. IX, Hrsg. M. Fuhrmann, H.R. Jauss, W. Pannenberg, München 1981, S. 97–103. Repräsentative Aspekte der heutigen Beschäftigung mit der Gestalt der Maria Magdalena enthält Elisabeth Moltmann-Wendel: *Ein eigener Mensch werden: Frauen um Jesus,* Gütersloh 1980.

29 Deutsche Ausgabe *Das Leben des Lazarillo von Tormes. Seine Freuden und Leiden,* übers. von Helene Henze, in: *Spanische Schelmenromane,* Hrsg. H. Baader, Bd. I, Darmstadt (o. J.). – Vgl. Nachwort von H. Baader im Schlußteil des II. Bandes.

30 Neben A. Castro hat insbesondere Marcel Bataillon auf die Verflechtungen des pikaresken Romans mit der Hete-

rodoxie-Problematik aufmerksam gemacht; s. die span. Übers. seiner Aufsätze: *Pícaros y picaresca,* Madrid 1969. – Weiterhin: A. Stoll: *Wege zu einer Soziologie des pikaresken Romans,* in: *Spanische Literatur im Goldenen Zeitalter. Fritz Schalk zum 70. Geburtstag,* Hrsg. H. Baader und E. Loos, Frankfurt 1973, S. 461–518, sowie H.-G. Rötzer: *›Novela picaresca‹ und ›Schelmenroman‹ – Ein Vergleich,* in: GRM, Beiheft 1 (»Literatur und Gesellschaft im deutschen Barock«), Heidelberg, S. 30–76.

31 Die Vollendung des 40. Lebensjahres als Voraussetzung zur Abfassung einer Autobiographie scheint sich hier zum poetologischen Topos verfestigt zu haben. Vgl. Goethes Übersetzung der *Vita* Cellinis unter dem Titel *Benvenuto Cellini,* 1. Buch, 1. Kapitel, in: *Goethe's sämmtliche Werke in vierzig Bänden,* 28. Bd., Stuttgart und Tübingen 1856, S. 5. Eine vorzügliche Einführung in dieses Werk enthält die Ausgabe von Guido Davico Bonino (Benvenuto Cellini: *La Vita,* Torino 1982, S. VII–XLVIII).

32 Die thematischen Vorlagen für diesen Komplex sucht V. García de la Concha zu benennen (a. a. O., S. 264–274), die ästhetischen Strukturen seiner »theatralischen« Räume skizziert M. de Certeau, a. a. O., S. 257–273; vgl. S. 71–99.

33 Die Korrespondenzen zwischen diesen Phantasiegebilden des literarischen Eroberers und denen der Schriftstellerin ebenso wie ihre Differenzen ließen sich bündig aus Goethes Lied *Der neue Amadís* ableiten: »Als ich noch ein Knabe war, / Sperrte man mich ein; / Und so saß ich manches Jahr / Über mir allein, / Wie in Mutterleib. // Doch du warst mein Zeitvertreib, / Goldne Phantasie (. . .) // Baute manch krystallen Schloß, / Und zerstört es auch, / Warf mein blinkendes Geschoß / Drachen durch den Bauch, / Ja, ich war ein Mann! . . .« (in: *Goethe's sämmtliche Werke,* a. a. O., 1. Bd., Stuttgart und Tübingen 1853, S. 10).

34 Anregende Vergleichsperspektiven auf die Entwicklung der »himmlischen Stadt« in der mystischen Literatur eröffnet Ernst Benz in seiner materialreichen und fächerübergreifenden Arbeit *Die Vision. Erfahrungsformen und Bilderwelt,* Stuttgart 1969 (hier: S. 353–370).

35 Wir übernehmen hier den Titel der Brüsseler Erstausgabe von 1611, der, wie auch die Einteilung in 7 Kapitel, von

dem Padre Jerónimo Gracián, dem Herausgeber, stammt; die deutsche Erstübersetzung entspricht (bis auf wenige Kürzungen) dieser Textfassung. Teresa selbst spricht von diesem Werk als von *»mis meditaciones«* (im 1. Kapitel, dtsch.: »meine betrachtungen«); entsprechend geben neuere Editoren in Anlehnung an das Manuskript von Alba de Tormes dem Werk den Titel *Meditaciones sobre los Cantares* (»Meditationen über das Lied der Lieder«). Den Text der Brüsseler Erstausgabe enthalten die *Obras* . . ., Madrid 1964, a. a. O., S. 730–782.

36 Eine dem neuesten Forschungsstand entsprechende, glänzende Einführung in die poetischen und mythologischen Arkana des *Hohenliedes* stellt der Essay *Le rose del Cantico* von Guido Ceronetti zu seiner ital. Übersetzung: *Il Cantico dei Cantici,* Milano 1975, dar. Die heutigen Vorstellungen von der Genese und poetischen Struktur des *Hohenliedes* entnehme man W. Rudolph: *Das Buch Ruth. Das Hohe Lied. Die Klagelieder,* Gütersloh 1962.

37 Vgl. die Klage Herders aus dem Jahre 1776: »Kein Buch des alten Testaments ist gemißhandelter als das sogenannte *Hohelied Salomons.* Man weiß bei seinem klaren Wortverstande nicht was man daraus zu machen habe? hat Allegorie, Mystik, zuletzt Zoten und Liebesränke darüber geschüttet ...« (J.G. Herder: *Lieder der Liebe, ein Biblisches Buch,* in: *Sämtliche Werke,* hrsg. v. B. Suphan, Bd. VIII, 1892, S. 589). – Über die Wirkung des *Hohenliedes* innerhalb der Frömmigkeits- und Dichtungsgeschichte des deutschen 17. Jahrhunderts unterrichtet auf differenzierte Weise I. Scheitler: *Das Geistliche Lied im deutschen Barock,* Berlin-München 1981.

38 Die Vielfalt der traditionellen Deutungsangebote spiegelt sich auch noch in den deutschen Nachdichtungen und Übersetzungen von Luther über Opitz und Goethe bis in die Moderne, die H. Timm im Insel-Verlag herausgebracht hat: *Das Hohe Lied Salomos,* a. a. O. – Die folgenden Zitate des *Hohenliedes,* soweit sie nicht Teresas *Bedencken* entstammen, sind der Übersetzung von Martin Opitz aus dem Jahre 1627 entnommen (das., S. 85–113). Vgl. dazu Irmgard Scheitler: *Das geistliche Lied im deutschen Barock,* a. a. O. bes. S. 172–198. – Unterstreichungen jeweils vom Vf.

39 Karl Vossler: *Luis de León,* München 1946, S. 13.

40 In einem sorgfältigen Vergleichsverfahren würde gewiß eine Vielzahl überraschender Analogien zwischen der Inaginationsproduktion bei Teresa und bei Ignatius zutage treten, wenngleich sich auch die profunden Differenzen im jeweiligen Umgang mit diesen, ihre divergierenden Ökonomien, erweisen würden. Anstöße zu einem solchen kontrastiven Vergleich bieten die faszinierenden Strukturanalysen von Roland Barthes zu Loyola in: *Sade, Fourier, Loyola* (1971), übers. von M. Sell u. J. Hoch, Frankfurt am Main 1974, bes. S. 49–88. Vgl. auch zur jesuitischen »Kinematik der Seele« im System der *militia Dei* die Ausführungen von M. Kroß und J. Magsaam: *SJ*, in: *Tumult*, Heft 4, 1982, S. 26–40.

41 Über die gängigen Formen der zeitgenössischen Liebe in Spanien, Perversionen usw. unterrichtet B. Bennassar: *L'Homme espagnol*, a. a. O., S. 141–166.

42 Übersetzung von Martin Opitz, a. a. O., S. 99.

43 Das., S. 110.

44 Fray Luis de León: *El Cantar de los Cantares*, 4. Aufl., Madrid 1969, S. 14: »tus amores«. – Martin Opitz (a. a. O., S. 85): »Deine Huld«. – J.W. v. Goethe (das., S. 121): »deine Liebe«.

45 Es wäre gewiß reizvoll, diese totale Verfügung des mystischen Subjekts über den Liebespartner auf ihre Korrespondenzen in der radikalen Negierung des Anderen durch den (fiktionalen) Typus des Sadeschen Libertins hin zu befragen. Auf der Grundlage von M. Blanchot, *Lautréamont et Sade*, Paris 1949 (in deutscher Sprache nur: *Sade*, Berlin 1963), ließe sich mit Hilfe von G. Bataille, insbes. dem 6. Teil (Kap. 2 u. 3) seiner *Histoire de l'érotisme* (Paris 1976, S. 144–157; dtsch.: *Der heilige Eros*, Frankfurt-Berlin-München 1974), eine überzeugende epistemologische Perspektive auf derartige Analogien entwickeln.

46 In diesem Sinne evoziert auch die hymnische Rede des Königs Salomon im 4. Gesang des *Hohenliedes* die Salbe als Figur der alle Genüsse verströmenden Geliebten: »Die Brüste lieb' ich für den Wein // Dergleich am besten ist auff Erden: // Dem was Arabien uns schickt // Muß der Geruch noch vorgezückt // Von deiner thewren Salbe werden«. (M. Opitz, a. a. O., S. 101).

47 Im Zuge seiner bemerkenswerten Beobachtungen zur Androgynie in der archaischen Poiesis des Orients wie in deren Rezeption durch Dante, Petrarca und die suffico-christliche Mystik eines Raimondo Lull gelingt es Guido Ceronetti, dieses auch von Teresa als sinnliche Instanz explizierte Paradox in seiner mythengeschichtlichen Bedeutung einzukreisen (*Il Cantico dei Cantici,* a. a. O., S. 98–107).

48 Vgl. E. Benz, a. a. O., S. 395–410. – Die umfassendste ikonographische Untersuchung zu Berninis Marmorgruppe *Die Ekstase der heiligen Teresa* unter Einbeziehung des konstitutiven »theatralischen Raumes« ihrer »Inszenierung« in der Kirche Santa Maria della Vittoria bietet Irving Lavin: *Bernini e l'unità delle arti visive,* Roma 1980, S. 117–175.

49 Zur Bedeutung der Seitenwunde als sakramenteller Quelle innerhalb der Mystik s. E. Benz, a. a. O., S. 549–553.

50 Sie schöpft also die Idealität einer Paar-Beziehung aus, die auch die heutige Forschung als die privilegierteste überhaupt (»eine ganz besondere Beziehung«) anerkennt. Vgl. René Spitz über die Mutter-Kind-Dyade in: *Die Entstehung der ersten Objektbeziehungen. Direkte Beobachtungen an Säuglingen während des ersten Lebensjahres,* 3. Aufl., Stuttgart 1973, S. 40–49.

51 Martin Opitz, a. a. O., S. 110.

52 Mitsamt ihrer persönlich-biographischen Tönung korrespondiert diese Rede des schreibenden Subjekts von der (physischen) Marter, die sein ekstatisches Erleben begleite, auffällig dem antiken, den Initiationsritualen der heidnischen Mysterien entstammenden Topos von der Folterung des Sterblichen durch den ihn inspirierenden Gott, dessen Erneuerung durch die Renaissance-Kunst Edgar Wind in seinem bahnbrechenden Hauptwerk *Heidnische Mysterien in der Renaissance* (1958), vor allem in dem Aufsatz *Die Schindung des Marsyas,* ikonologisch erschlossen hat (Frankfurt am Main 1981, S. 198–204). Diese Analogie deutet auf das mögliche Ausmaß der Vertrautheit Teresas mit jenen chiffrierten, symbolischen Konzepten sowie auf ihre Bereitschaft hin, diesen ihre eigene Mysterienerfahrung einzuschreiben.

53 Folglich ist auch H. Blumenbergs kategorische Unterscheidung zwischen mystischer Vision und alttestamentari-

scher Gotteserfahrung verfehlt (*Arbeit am Mythos*, Frankfurt am Main 1979, S. 245).

54 Ein materialreiches, wenngleich verwirrendes Spektrum der Rhetorik des *concetto* entfaltet G.R. Hocke: *Manierismus in der Literatur. Sprach-Alchimie und esoterische Kombinationskunst*, Hamburg 1959, insbes. S. 150–167, sowie ders.: *Die Welt als Labyrinth. Manier und Manie in der europäischen Kunst*, Hamburg 1957, S. 98 ff. – Die systematischste Darstellung der Barockästhetik (eines Marino, usw.) enthält H. Friedrich: *Epochen der italienischen Lyrik*, Frankfurt am Main 1964, S. 533–731. (Seine moralisierende Trennung zwischen der »barocke(n) Erotisierung der weiblichen Heiligen« und der »*Hohelied*-Sprache der Mystik« – S. 569–570 – ist allerdings ebenso absurd wie seine »Deutung« der Santa-Teresa-Statue von Bernini entlarvend.)

55 Martin Opitz, a. a. O., S. 112.

56 Vgl. Art. *Apfel, Granatapfel* und *Paradies* in E. Kirschbaum: *Lexikon der christlichen Ikonographie*, Freiburg-Basel-Wien-Rom, 1968, Bd. I, Sp. 123/4, 198/9, 377–382. Herkunft und Ausstattung der symbolischen Topoi *Der himmlische Garten* und *Der Paradiesesbaum* beschreibt ausführlich E. Benz: *Die Vision*, a. a. O., S. 371–385.

57 4. Gesang des *Hohenliedes*, M. Opitz, a. a.O., S. 101.

58 Die kunstgeschichtliche wie poetologische Weite dieses Topos erschließen die hervorragenden Sachkenntnisse von W. Hofmann: *Das irdische Paradies. Motive und Ideen des 19. Jahrhunderts*, München 1960 und 1974, S. 331–366, sowie J.V. Fleming: *The ›Roman de la Rose‹. A Study in Allegory and Iconology*, Princeton University Press, Princeton 1969, S. 54–103.

59 Die Aporie der tonangebenden Forschung zur Renaissance-Kunst – die vorwiegend mit den bedeutendsten Arbeiten der Warburg-Schule identisch ist – angesichts dieser Konstellation in Botticellis *Primavera* tat sich lange in meist projektiven Deutungsvorschlägen zu dieser ikonographisch als Hermes / Merkur erkannten Figur kund. Wie schon Aby Warburg gelangt Gombrich trotz umfassender Rekurse auf antike und neopagane »Quellen« nur zu der Behauptung, Merkur »zeige« wie die Verkörperung der Wahrheit in Botticellis Apel-

les-Bild zum Himmel (E.H. Gombrich: *Botticelli's Mythologies. A Study in the Neo-Platonic Symbolism of His Circle,* verf. 1945, erneut in: *Symbolic Images. Studies in the Art of the Renaissance,* London 1972, S. 31–81. – Auch E. Panofsky betont nur den gleichgültigen, »fast verächtliche(n)« Gestus dieses Merkurs (*Renaissance der Antike: das 15. Jahrhundert,* in: *Die Renaissancen der europäischen Kunst,* verf. 1960, Frankfurt am Main 1979, S. 167–214, bes. S. 199–200). – Der Durchbruch zu einer überzeugenden Erklärung der Bedeutung Merkurs gelingt erst E. Wind im Zuge seiner Erhellung der orphischen Dimensionen dieser neoplatonischen Komposition (*Botticellis Primavera,* in: *Heidnische Mysterien in der Renaissance,* a. a. O., S. 135–150). Wind löst die bisherigen Widersprüche in seinem Nachweis der mystagogischen Funktionen des Gottes Hermes auf, entziffert das Kunstkonzept als Figuration des *divinus amator,* der nicht von ungefähr der Offenbarer »hermetischen«, das soll heißen: nur im Vollzug des Mysteriums sich einstellenden Wissens ist, und kann auf Grund dieser Erkenntnis in einem brillanten Schluß die Kohärenz der Botticelli'schen Komposition nachweisen (S. 144–150). – Die oben skizzierte Erläuterung der figuralen / personalen Interaktion im ekstatischen Erleben der Mystikerin ergänzt und bestätigt diese Deutung aufs vortrefflichste: es handelt sich hier wie dort um die gleiche Versinnbildlichung der im paganen / christlichen Mysterium sich erfüllenden Liebe. – Der entsprechenden Figur an analoger Stelle im *Paradiesesgärtlein* kommt folglich genau die gleiche Bedeutung, die einer »Mystagogin«, zu.

60 Martin Opitz, a. a. O., S. 101. – Noch deutlicher in der Vulgata: »Vulnerasti cor meum, soror mea, sponsa mea . . .« (IV, 9).

61 Exemplarische Deutungsvorschläge zur neoplatonischen Liebestheorie des *Dolce Stil Novo* und der *Vita Nuova* Dantes enthält das weite entwicklungsgeschichtliche Spektrum von Hugo Friedrich: *Epochen der italienischen Lyrik,* a. a. O., S. 49–156, bes. S. 58–66. – Zu Genese und Wandlungen des Amor-Konzeptes in der Renaissance-Kunst s. E. Panofsky: *Der blinde Amor,* in: *Studien zur Ikonologie. Humanistische Themen in der Kunst der Renaissance* (1939, erw. London 1962), Köln 1980, S. 153–185.

62 Das Beispiel, das Benz in seinem Kapitel *Der himmlische Liebespfeil* (in: *Die Vision*, a. a. O., S. 397–398) zur vergleichenden Erklärung von Teresas Amor-Vision im 29. Kapitel ihres *Lebensbuches* anführt, eine analoge Liebes-Verwundungsvision des heiligen Johannes vom Kreuz, ist bezeichnenderweise frühestens im Todesjahr Teresas entstanden, kann also schwerlich für diese Umkehrung des traditionellen Amor-Konzepts verantwortlich gemacht werden. Vielmehr dürfte eher umgekehrt Johannes vom Kreuz zu diesem Konzept von der 27 Jahre älteren Karmeliterin angeregt worden sein, mit der gemeinsam er in den Jahren 1572–77 die geistige Leitung des Klosters von der *Encarnación* ausübte. Sein Kommentar zum *Cántico espiritual*, in dessen 2. Strophe er die Liebeswunde auf die Verletzung durch einen von der Geliebten abgeschossenen Pfeil zurückführt, wurde um das Jahr 1582 verfaßt und erst 1630 veröffentlicht (vgl. San Juan de la Cruz: *Obras completas*, Edición crítica por L. Ruano de la Iglesia, Madrid, 11. Aufl. 1982, S. XXVII–LXXV, bes. XXXIV; genannte Textstelle: S. 445).

63 *Das Leben der Heiligen Mutter Teresa von Jesu*, in: *Opera* . . ., a. a. O., Würtzburg, 1649, Erster Theil, S. 224.

64 Joris-Karl Huysmans: *A rebours* (zus. mit *Le drageoir aux épices*), Paris 1975, übers. nach S. 121.

65 Vgl. M. Bosse und A. Stoll: *Die Agonie des archaischen Orients. Eine verschlüsselte Vision des Revolutionszeitalters*, Nachwort zu Gustave Flaubert: *Salammbô*, Frankfurt 1979 (it 342), S. 401–448, bes. S. 420, 426–433. – Zu analogen Entsprechungen des orientalischen Idols in Flauberts Erzählungen s. C. van Kleffens und A. Stoll: Nachwort zu G. Flaubert: *Drei Erzählungen / Trois Contes*, Frankfurt 1982 (it 571), S. 297–402, bes. S. 366–368, 395–396.

66 Die Metamorphose der Schildkröte erfolgt im 4. Kapitel von *A rebours*, a. a. O., S. 101–112. – Eine Fülle neuerer Perspektiven auf die Motive, Ästhetik und internationalen Ausprägungen des Symbolismus enthält der Sammelband *Fin de Siècle. Zur Literatur und Kunst der Jahrhundertwende*, Hrsg. R. Bauer, E. Heftrich u. a., Frankfurt 1977; zu Huysmans. s. insbes. H. Fritz: *Die Dämonisierung des Erotischen in der Literatur des Fin de Siècle*, S. 442–464.

67 Letzter Ausruf des Heiligen in der dritten, endgültigen Fassung der *Versuchung des heiligen Antonius* aus dem Jahre 1874 (in der deutschen Übers. von B. und R. Picht, Frankfurt 1979, S. 189).

68 Die denunziatorische Funktion dieses Kunstkonzepts diskutieren C. van Kleffens und A. Stoll, ausgehend von der Todesvision der Félicité in Flauberts Erzählung *Ein schlichtes Herz* und im Rückgriff auf exemplarische Kunstwerke der Renaissance und des 19. Jahrhunderts, in dem Abschnitt *Die Apotheose des Papageis* ihres Nachworts a. a. O., S. 332–340.

69 Martin Opitz, a. a. O., S. 96.

70 Zur Tradition dieses Kompositionsschemas vgl. Fußnote 32.

71 Vgl. Leo Spitzer: *Zur Auffassung der Kunst des Arcipreste de Hita,* ZRPh 54, 1934, S. 237–270. – Ulrich Leo: *Zur dichterischen Qualität des Arcipreste de Hita,* Frankfurt 1958. – Die Einflüsse der arabischen Dichtung sondiert A. Castro im 13. Kap. seiner *Realidad histórica de España,* a. a. O.

72 Das erste Werk von F. Rabelais, *Pantagruel,* erscheint 1532, das zweite Buch, *Gargantua,* im Jahre 1534, das *Dritte Buch* 1546. – Die für die Entwicklung einer semiotischen Literaturtheorie bedeutsame Untersuchung von Michail Bachtin (1965) liegt nun auch endlich in deutscher Übersetzung vor: *Rabelais und seine Welt. Volkskultur als Gegenkultur,* Frankfurt am Main, 1984.

73 Diesem wiederholt geäußerten Verdacht begegnet schon die auf Popularität angelegte biographische Studie der englischen Autorin Vita Sackville-West aus dem Jahre 1943 (*Adler und Taube. Eine Studie in Gegensätzen: Die Heilige Teresa von Avila – Die Heilige Therese von Lisieux,* Frankfurt/M. – Berlin – Wien, 1982), indem sie die Bedingungen der lesbischen Neigungen Teresas in jeder Hinsicht einkreist.

74 Zur Theorie der Souveränität s. Georges Bataille: *Die Souveränität* (1956), dtsch. in: *Die psychologische Struktur des Faschismus. Die Souveränität,* München 1978, S. 45–86 (mit einem sehr kompetenten Nachwort von Rita Bischof, S. 87–120). Allein das knappe II. Kapitel: *Die Souveränität in Kunst und Literatur* (S. 73–86) läßt so manche, immer noch modische Rede vom Klassen- bzw. Gruppencharakter der Kunst

und ihrer »Avantgarden« der Lächerlichkeit verfallen. Indem Bataille die Genese der Souveränität aus der Kunst und ihre Opposition zur Macht feststellt, illustriert er die außerordentliche gesellschaftliche Produktivkraft der Meditation / Ekstase: »Durch Macht ist Souveränität nicht mehr zu erwerben. Erst in der Einsamkeit, wie die Kontemplation in der Kunst sie erschließt, aber strenger noch, erst wenn man in einem Gefühl des Verlorenseins auf die Einfachheit des Unvermeidlichen zurückgeworfen ist, tritt ein äußerster Wert hervor, ähnlich der Schönheit, die dem Augenblick, da der Tod droht, das vergängliche Leben noch einmal umgibt.« (S. 86).

75 Jeglicher Versuch, einer solchen Liebestheorie mit dem psychologischen (inzwischen zur Binsenweisheit verkommenen) Erklärungsmuster von der »typischen« Sehnsucht der Lesbierin nach Wiederherstellung der verlorenen, »paradiesischen« Einheit mit der Mutter beizukommen und ihre Bedeutung so »auf den Begriff« bringen zu wollen – wie man etwa nach der Lektüre von Charlotte Wolff: *Psychologie der lesbischen Liebe,* Reinbek 1973, zu tun geneigt sein könnte –, würde nicht nur in diesem Einzelfall die Umwandlung eines solchen Wunsches (nehmen wir einmal an, er sei bei Teresa stärker ausgeprägt als bei anderen, »normalen« Frauen) in eine auf vielerlei Weise produktive Instanz unterschlagen, sondern ebenso das eigentliche Objekt jeder Kunst / Poiesis ignorieren: denn wo wäre der gesellschaftliche Ort der (ihres Verlustes wohl bewußten) Vergegenwärtigung der archaischen »Paradiese« der Menschheit, ihres nicht-entfremdeten Lebens, wenn nicht in der Kunst / Poiesis!

76 Den Begriff *Logothesis* – »Begründung eines Sprachsystems« – führt Roland Barthes zur Kennzeichnung der umfassenden Gemeinsamkeiten zwischen den von ihm untersuchten Autoren ein (Vorwort zu *Sade, Fourier, Loyola,* a. a. O.). Wie schon im Falle des Ignatius von Loyola schließt die Logothesis Teresas nicht nur ihr literarisches Werk, sondern auch ihre (subversiven) gesellschaftlichen Gründungsakte: die Errichtung und Reform von Klöstern, mit ein.

77 Äußerst lohnend wäre es, diesen Analogien im Rekurs auf die zahlreichen, der Verfolgung und Ausrottung der »Hexen« dienlichen Traktate, etwa den *Hexenhammer* oder

Bodins *Démonomanie des sorciers,* nachzugehen, in dem einschränkenden Bewußtsein allerdings, daß die dort verzeichneten »Geständnisse« der Hexen meist nur unter der Folter zustandegekommen sind oder dem projektiven »Vorwissen« der Inquisitoren selbst entstammen. Vgl. beispielsweise das 5. Kapitel in der von Fischart übersetzten *Démonomanie* von Jean Bodin: *Von der Verzuckung und Verruckung / oder Gemütsentwendung der Zauberer und Hexen . . .,* in: Jean Bodin: *Vom ausgelassenen wütigen Teufelsheer,* Straßburg 1591, S. 112–118. Etliche solcher Korrespondenzen zwischen Mystikerinnen und »Hexen« zeigt Marcello Craveri auf: *Sante e streghe. Biografie e documenti dal XIV al XVII secolo,* Milano, 2. Aufl. 1981.

78 Zahlreiche Kopien ihres Manuskripts zirkulieren schon in den Klöstern, als Teresa vom Padre Yanguas den Befehl erhält, das Original zu verbrennen. Teresa gibt den Namen des eigentlichen Autors dieses Befehls nie preis, noch weiß ihn einer ihrer Biographen (vgl. *Obras completas,* a. a. O., S. 333).

79 J. Lacan: *Dieu et la jouissance de ~~la~~ femme,* in: *Le Séminaire, Livre XX: Encore,* Paris 1975, S. 61–71, insbes. S. 70/71.

Bildnachweis.

Die Abbildungsrechte stellten freundlicherweise zur Verfügung:
Abb. 1, 6: Archiv des Provinzialats OCD, München
Abb. 2, 13: Bibliothèque Nationale, Paris
Abb. 3: Alte Pinakothek, München
Abb. 4, 7: Giusti di Beccocci, Firenze
Abb. 5, 9, 10, 12: Producciones Sanz Vega, Madrid
Abb. 8: Roger-Viollet, Paris
Abb. 11: Städelsches Kunstinstitut, Frankfurt am Main
Abb. 14: Oslo, Nasjonalgalleriet
Abb. 15: Scala. Istituto Fotografico Editionale, Antella/Firenze
Abb. 16: Gemäldegalerie Dahlem, Berlin
Abb. 18, 20, 21: Editions de la Réunion des Musées Nationaux, Paris
Abb. 19: Museum of Modern Art, New York.

Inhalt

Romane, Erzählungen, Prosa

Hans Christian Andersen. Glückspeter
Mit Scherenschnitten von Alfred Thon. it 643

Bettina von Arnim. Bettina von Arnims Armenbuch
Herausgegeben von Werner Vordtriede. it 541
– Dies Buch gehört dem König
Herausgegeben von Ilse Staff. it 666
– Die Günderode
Mit einem Essay von Christa Wolf. it 702

Apuleius. Der goldene Esel
Mit Illustrationen von Max Klinger zu »Amor und Psyche«. Aus dem Lateinischen von August Rode. Mit einem Nachwort von Wilhelm Haupt. it 146

Jane Austen. Emma
Aus dem Englischen von Charlotte Gräfin von Klinckowstroem. it 511

Honoré de Balzac. Die Frau von dreißig Jahren
Deutsch von W. Blochwitz. it 460
– Das Mädchen mit den Goldaugen
Aus dem Französischen von Ernst Hardt. Vorwort Hugo von Hofmannsthal. Illustrationen Marcus Behmer. it 60

Joseph Bédier. Tristan und Isolde
Roman. Deutsch von Rudolf G. Binding. Mit Holzschnitten von 1484. it 387

Harriet Beecher-Stowe. Onkel Toms Hütte
In der Bearbeitung einer alten Übersetzung herausgegeben und mit einem Nachwort versehen von Wieland Herzfelde. Mit 27 Holzschnitten von George Cruikshank aus der englischen Ausgabe von 1852. it 272

Ambrose Bierce. Aus dem Wörterbuch des Teufels
Auswahl, Übersetzung und Nachwort von Dieter E. Zimmer. it 440
– Mein Lieblingsmord
Erzählungen. Aus dem Amerikanischen von G. Günther. it 39

Die Blümlein des heiligen Franziskus von Assisi
Aus dem Italienischen nach der Ausgabe der Tipografia Metastasio, Assisi 1901, von Rudolf G. Binding. Mit Initialen von Carl Weidemeyer. it 48

Romane, Erzählungen, Prosa

Blumenschatten hinter dem Vorhang. Von Ting Yao Kang. Aus dem Chinesischen übertragen und mit einem Nachwort versehen von Franz Kuhn. Mit 18 Holzschnitten. it 744

Giovanni di Boccaccio. Das Dekameron
Hundert Novellen. Ungekürzte Ausgabe. Aus dem Italienischen von Albert Wesselski und mit einer Einleitung versehen von André Jolles. Mit venezianischen Holzschnitten. Zwei Bände. it 7/8

Hermann Bote. Ein kurzweiliges Buch von Till Eulenspiegel aus dem Lande Braunschweig. Wie er sein Leben vollbracht hat. Sechsundneunzig seiner Geschichten.
Herausgegeben, in die Sprache unserer Zeit übertragen und mit Anmerkungen versehen von Siegfried H. Sichtermann. Mit zeitgenössischen Illustrationen. it 336

Clemens Brentano. Gedichte, Erzählungen, Briefe
Herausgegeben von Hans Magnus Enzensberger. it 557

Emily Brontë. Die Sturmhöhe
Aus dem Englischen von Grete Rambach. it 141

Giordano Bruno. Das Aschermittwochsmahl
Übersetzt von Ferdinand Fellmann. Mit einer Einleitung von Hans Blumenberg. it 548

Gottfried August Bürger. Wunderbare Reisen zu Wasser und zu Lande. Feldzüge und lustige Abenteuer des Freiherrn von Münchhausen
Mit Holzschnitten von Gustave Doré. it 207

Hans Carossa. Eine Kindheit. it 295
– Verwandlungen einer Jugend. it 296

Lewis Carroll. Geschichten mit Knoten
Herausgegeben und übersetzt von W. E. Richartz. Mit Illustrationen von Arthur B. Frost. it 302
– Alice im Wunderland
Mit 42 Illustrationen von John Tenniel. Übersetzt und mit einem Nachwort versehen von Christian Enzensberger. it 42
– Alice hinter den Spiegeln
Mit Illustrationen von John Tenniel. Übersetzt von Christian Enzensberger. it 97

Romane, Erzählungen, Prosa

Lewis Carroll. Briefe an kleine Mädchen
Aus dem Englischen übersetzt und herausgegeben von Klaus Reichert. Mit Fotografien des Autors. it 172

Miguel de Cervantes Saavedra. Der scharfsinnige Ritter Don Quixote von der Mancha
Mit einem Essay von Iwan Turgenjew und einem Nachwort von André Jolles. Mit Illustrationen von Gustave Doré. 3 Bände. it 109

Adelbert von Chamisso. Peter Schlemihls wundersame Geschichte
Nachwort von Thomas Mann. Illustriert von Emil Preetorius. it 27

Matthias Claudius. Der Wandsbecker Bote
Mit einem Vorwort von Peter Suhrkamp und einem Nachwort von Hermann Hesse. it 130

James Fenimore Cooper. Die Lederstrumpferzählungen
In der Bearbeitung der Übersetzung von E. Kolb durch Rudolf Drescher. Mit Illustrationen von O. C. Darley. Vollständige Ausgabe. 5 Bände in Kassette.
Der Wildtöter · Der letzte Mohikaner · Der Pfadfinder · Die Ansiedler · Die Prärie. – it 760

Alphonse Daudet. Montagsgeschichten
Aus dem Französischen von Eva Meyer. it 649
– Briefe aus meiner Mühle
Aus dem Französischen von Alice Seiffert. Mit Illustrationen. it 446
– Tartarin von Tarascon. Die wunderbaren Abenteuer des Tartarin von Tarascon. Mit Zeichnungen von Emil Preetorius. it 84

Daniel Defoe. Moll Flanders. Herausgegeben und mit einem Essay versehen von Norbert Kohl. it 707
– Robinson Crusoe. Mit Illustrationen von Ludwig Richter. it 41

Deutsche Künstlernovellen des 19. Jahrhunderts
Herausgegeben von Jochen Schmidt. it 656

Charles Dickens. David Copperfield. Mit Illustrationen von Phiz. it 468
– Große Erwartungen. Aus dem Englischen von Margit Meyer. Mit Illustrationen von F. W. Pailthorpe. it 667
– Der Raritätenladen. Aus dem Englischen von Leo Feld. Mit Illustrationen von Cruikshank u.a. it 716

insel taschenbücher
Alphabetisches Verzeichnis